迦南的子孫

以色列的起源與發展

—— 林之滿，蕭楓　編著

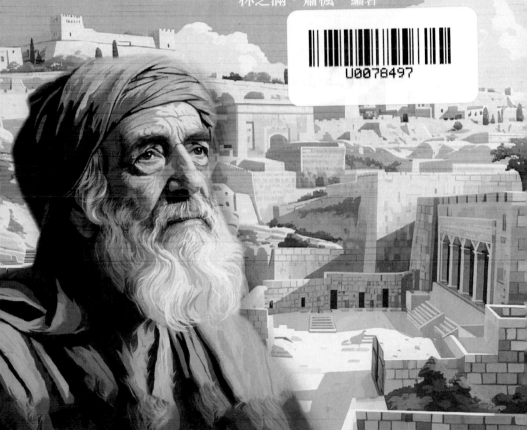

從亞伯拉罕到現代的歷史變遷，以色列民族對全球文化的影響

◎ 探索以色列民族的歷史變遷　　◎ 分析以色列文明的源起和影響

◎ 揭示以色列的宗教和哲學思想　　◎ 賞析以色列的文化教育和文學藝術

◎ 介紹以色列的科技進步和日常生活

目錄

目錄

★ 先知故事

★ 科技與生活

目錄

★ 以色列文明

目錄

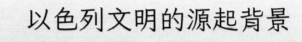

以色列文明的源起背景

獨特的民族

　　以色列文明的獨特性與以色列民族的獨特性是緊密關聯在一起的。從民族起源一般意義上來說，以色列民族是穿著華麗長袍，頭髮經過精心辮結的迦南人。這個人大概是作為貴族階級的戰俘而被帶入埃及的。美索不達米亞平原兩河流域諸民族的一員，以色列人的族長亞伯拉罕就出生在這一地區。從種族上看，以色列民族應是閃米族的一個組成部分。然而，種族觀念並不是以色列民族界定民族組成的唯一標準。其次，血緣關係也不是界定以色列人身分的唯一標準。在相當程度上，或者說作為一種更為重要的標誌，對以色列人界定是以信仰為界進行區分。只有在信仰上具有統一性的人才被視為以色列人。

　　有人曾對此形象地說以色列人是一個「只忠於一位神，一本書，一種信仰」的民族。這種獨特的、以信仰認同為主要標準的民族認知的做法顯然對以色列文明的發展和留存造成了積極的作用，也使以色列民族成為人類歷史上特別注重信仰的民族之一。

　　以色列人早期生活場景中以色列民族的獨特性還表現在

他們歷史觀的形成上。在以色列民族誕生與發展的中東地區生活著眾多民族。其中不少民族是人類早期文明的創造者，例如埃及人、蘇美人、巴比倫人等等。千百年來，這些民族的思想深受「輪迴規律」的觀念影響和束縛，把歷史看成是與一年四季一樣的現象，周而復始，循環不已。在他們看來，人類的生活規律不過是一種輪迴與重複，今人只是在重複舊人的生活，未來只是一種對過去的重複。這種認為歷史受輪迴規律無情支配的歷史觀不僅使得生活變得單調且無意義，而且對生活充滿深深的憂鬱和悲觀。由於以色列民族獨特的經歷，其歷史與世界上所有其他民族的歷史不同，是在以色列民族不斷流散中形成的；再加上以色列人是一個很早就失去屬於自己的地域的民族，其歷史的大部分是在與其他民族雜居情況下發生的，地域和疆界對以色列民族歷史觀的形成不再顯得那麼重要，重要的是與時間的聯繫和對歷史經歷的記憶，從而，形成了一種前所未有的觀念審視人類歷史，創造性地提出了歷史是一種線性直進過程的觀點。這種直進的歷史觀是以色列人文化遺產中的最重要組成部分，它把歷史解釋成一個內容豐富的、不斷向前發展的運動。這個運動將隨著救世主的降臨而告終 —— 與以前的宗教相比，這是一種真正的革命思想。

在談論以色列民族時，人們還常常用「小民族，大聲音」

來形容。正是這樣一個「弱小」的民族卻憑藉著對民族理想的執著，對自身文化的不斷創造，相信言詞的力量遠勝於刀劍的力量，以其文化上的成就在世界文明領域發出其巨大且影響深遠的聲音，讓世人深切感受到它們的存在，成為中東地區唯一在上古時期就創造出光輝燦爛文明、對世界的程式產生巨大影響，並且以「一以貫之」之勢一直延續到今天的民族。同時，也更從反面印證了以色列民族異於其他民族的強大生命力與創造力。

獨特的信仰

　　以色列文明對世界的最重要貢獻之一當屬他們所奉獻出的《聖經》。從本質上說，《聖經》是一部記錄著以色列民族信仰體系的書。從歷史和發展的角度出發去審視以色列人的信仰，人們不得不承認它的出現是人類文明史上的一種創新，一種進步。這種創新和進步主要表現在代表著以色列人信仰的精髓——一神論和契約觀上。

　　《聖經》中的故事插圖，講述的是人可以依靠神的力量打敗妖魔鬼怪。以色列人生活的早期時代是一個以多神教為準繩的時代，這個時代的世界由眾神掌管，每個神祇都有自己相應的勢力範圍，世界因而呈現一種無序、分散、對立狀態。加之每個民族、每個部落，甚至每個家庭，都有各自的神，民族、部落和早期《聖經》插圖，整個圖案由大小不等的以色列文字組成。個人只能被動依照自己的神的旨意和倫理道德各行其事，社會因缺失統一的倫理道德標準而失去應有的秩序。以色列民族就是在這樣的時代背景下創造性地提出一神論的觀念。在以色列人的眼裡，它不僅是唯一的神，而且是一個全知全能、不生不滅、永恆存在、創造了宇宙萬

物並主宰著這個宇宙的神。一神思想的提出在當時無疑是一項劃時代的成就，是人類思想的一種獨特的躍進。根據一神論思想，神不僅創造了自然界和自然界的秩序，而且創造了世人應當遵守的倫理道德以及與倫理道德相應的社會秩序。這樣一來社會便具有了統一的評判標準，從而使建立起一個公正的社會成為某種可能。一神論的提出是迦南人的一個神祇。據認為這是風暴和生育之神巴爾的雕像，發現於巴勒斯坦北部西元前三世紀的一個神廟中。使得人們有了一個看待人類和生命統一的標準，人與人之間的「眾生平等」便有了現實的依據，人類用不著再消極、悲觀地對待人生和生活，完全可以用積極、樂觀的態度去生活。以色列民族一神思想對世界的貢獻由此可見一斑。

以色列民族的信仰體系中另一對世界產生重要影響的是以色列人的契約觀。這一獨特的闡述神人關係思想的提出表明「神」與「人」之間的關係在以色列人看來已不再是一種無可奈何的關係，而是一種互利互助、互有義務的雙向選擇關係。契約觀賦予了人在與神的關係上以選擇的自由。以色列人的這一思想經過數千年的傳播對世界的程式產生了極其深遠的影響，它的一神思想早已成為當今人類一種主要的信仰體系，而它的契約觀更是早已超出人類的信仰範圍，成為現代政治和社會生活的最主要思想基礎。以色列人的信仰數千

年來一直是少數人的信仰。

　　《聖經》是被世人公認的人類有史以來最偉大的一部書籍，是人類早期生活和思想的「文化母本」，也是西方「道德教育的寶庫」。《聖經》不僅具有很重要的史料價值，同時也具有極高的文學價值，對世界文明的發展與歷史程式產生了巨大的影響。

獨特的地域

以色列文明的主要發源地是位於地中海東岸的迦南即今天的巴勒斯坦，它北鄰小亞細亞半島，東連美索不達米亞和阿拉伯半島，南接西奈沙漠，西瀕地中海。

在西元前 3000 年之前的遠古時代，迦南土地滋潤肥沃，到處是蔥翠茂密的森林草原，並已出現農業生產活動。但隨著迦南的北半部平原地區此後天氣變得越來越乾燥，大片的森林和草原逐漸消失，周圍的西奈沙漠和阿拉伯沙漠迅速侵吞迦南無數良田，水資源匱乏成為這裡最為困擾人的難題。因此在以色列文明中，一方面水利灌溉技術在農業經濟中占據重要的地位，另一方面降雨量的大小在相當程度上決定著農業收成的豐歉，猶太先民往往由於旱災而不得不到處遷徙，尋找更為適合的生存之地。

內蓋夫沙漠地貌迦南的自然條件雖不十分理想，但它所處的地理位置卻十分特殊。它位於亞、非、歐和地中海、紅海交會通衢之地，舉足輕重的策略地位使它成為四方強鄰的必爭之地，以致以色列文明早在形成時期便命運多舛；它同時又是埃及、美索不達米亞兩個最古老文明以及稍後的希

臘、羅馬文明接觸交往的輻輳之所，於是「這裡順理成章地成為各種外來勢力及其文化和精神價值傳播輻射的聚焦點」。正是在這些文明的衝擊交融之中，以色列文明得以孕育、誕生和擴散傳播。

迦南文化的影響

　　以色列文明雖然受到埃及和美索不達米亞兩大文明的影響，但其主體卻是在迦南文化的搖籃中哺育成長的，古代迦南是猶太民族文明的主要發源地。

　　根據考古學家稱，早在數萬年以前的舊石器時代，就有人類居住在迦南地區。

　　至於新石器時代的古蹟，在迦南發現的更多。據放射性碳 14 試驗結果，約旦河谷的耶利哥是世界上最古老的城市之一，約建於西元前 7000 年。在那裡發現的獸類及母性女神雕像代表當時的居民已有生產力崇拜的習俗，鐮刀、石磨的發現說明那時他們已開始從事穀物耕種。從耶利哥城的大小及四周少量的可耕地來推測，某種灌溉系統那時也已經發展起來。顯而易見，在亞伯拉罕之前 5000 年，遠古的巴勒斯坦居民業已向人類文明大道邁進了。

　　耶利哥古城遺址與此同時，人類文明在更適宜農業耕作的尼羅河谷和兩河流域也開始萌芽。西元前 5000 年前後，尼羅河兩岸的埃及人已利用定期氾濫的尼羅河水發展農業，到西元前 4000 年初埃及人進入了青銅器時代，隨後逐漸出現數

十個具有城市公社性質的「諾姆」。約西元前 3100 年埃及的美尼斯把埃及統一為一個國家。此後很長時期裡，埃及法老帝國的勢力範圍從努比亞和埃及起，向北延伸到瀕臨地中海的尼羅河三角洲，再向東越過西奈沙漠，一直伸展到迦南和敘利亞，與在底格里斯河和幼發拉底河之間的美索不達米亞平原上相繼建立的西亞強國交界。

美索不達米亞的文明始於西元前三、四千年左右的蘇美王國。西元前 24 世紀屬於閃族的阿卡德人滅亡了蘇美王國，並一度建立了東起波斯灣、西至地中海岸的阿卡德帝國。西元前 22 至前 21 世紀在美索不達米亞南端曾經出現烏爾王朝。西元前 19 世紀 80 年代，阿摩利人（Amorites）以幼發拉底河畔古代以色列文手抄稿，周圍有美麗的圖案花紋修飾。的巴比倫城為首都，興起了古巴比倫王國，到西元前 18 世紀上葉漢摩拉比王在位期間達到鼎盛時期，至西元前 8 世紀才為亞述帝國所滅。西元前 7 世紀末葉迦勒底人擊敗亞述軍隊，並建立了自己的新巴比倫王國，尼布甲尼撒二世時發展為西亞強國。西元前 538 年波斯帝國的居魯士滅亡新巴比倫王國徹底結束閃族在美索不達米亞統治的歷史。

埃及與美索不達米亞這兩大文明發源地之間早就透過迦南和腓尼基往來。當時有一條交通路線從埃及經迦南、敘利亞到達美索不達米亞。在古王國時代，埃及法老的碑記文獻

多次提及其在迦南的商業利益。同時比布洛斯的迦南人已模仿埃及的象形文字，並發展了一種有音節的文字。西元前3000年迦南進入城市大發展時期。許多後來在聖經中提到的重要城鎮都已出現，諸如米吉多、伯善、艾、示劍、基色、拉吉以及約西元前3300年重建的耶利哥等。位於從沿海到內地商道上的拉希什在當時已十分繁榮，城的四周有磚牆圍繞並設定有角樓防衛，城內還發現各種青銅製造的兵器、工具，刻有記號的陶器以及帶有銘文的埃及蜣螂石。

西元前23～前20世紀迦南文化已由青銅時代的初期過渡帶領以色列人出埃及的摩西到中期。此時由於埃及和美索不達米亞都處於戰亂動盪之中，耶利哥、米吉多、艾等城市在來自東面的游牧民族遷徙侵擾中受到暴力衝擊，約旦河西岸的市鎮紛紛被人們荒棄，直到西元前2000年，新遷徙民族逐漸在此定居下來，迦南西部和外約旦北部才有明顯恢復。這些新居民主要是來自西北閃族中的阿摩利人，最初以游牧為業，逐漸與當地定居務農的迦南人開始發生民族融合。亞伯拉罕率領的以色列部落大約也在這前後首次進入迦南地區。

西元前20世紀上半期，埃及正處於繁榮的中王國時代，其貿易溯尼羅河而上，經迦南遠達腓尼基和克里特，甚至巴比倫。當時埃及的勢力可以達到迦南大部分地區。比布洛斯不但受到埃及經濟、文化上的影響，甚至當地首領也承認自

己是埃及法老的臣屬。

　　到西元前 18 世紀下半葉中王國末期，埃及四分五裂、群雄割據，大批被稱為西克索人的游牧部族從迦南湧入埃及，征服尼羅河三角洲，並以三角洲東部的阿瓦里斯為都，建立歷時百餘年的牧羊王朝。他們除直接據有尼羅河三角洲一帶外，還依靠其封臣、附庸間接統治埃及的部分地區。雖然西克索人的經濟文化發展明顯低於埃及人，但他們把馴養馬以及製造馬拉戰車、排弓、戰斧等技術輸入埃及，並簡化了埃及文字，這直接為後來腓尼基人創造拼音字母作出了貢獻。西克索人的勢力範圍向北一直延伸到敘利亞北部和幼發拉底河上游一帶，緊鄰埃及的迦南自然處於這片廣袤領域的中心。西元前 16 世紀中葉，底比斯王國集合埃及各地勢力，推翻西克索人的統治，開啟埃及新王國時期。被迫撤出埃及的西克索人不得不重新退回迦南南部。

　　在西克索人統治埃及期間，迦南文化達到其全盛時期。原先以游牧為生的阿摩利人紛紛築城以居，其首領也成為地方小王。迦南城邦又開始復興，農業成為當地居民的主要職業。除了一些較落後的山區和草原部落仍過著游牧生活外，在迦南的河谷、窪地及沿海平原，居民們已發展起較為發達的耕作及園藝業。在手工業方面，出現大量的短劍、斧頭、雕像等青銅製品，陶器製作也更為精良；他們不僅釀製葡萄

酒、提煉橄欖油，還用毛、麻生產色彩鮮豔、飾有花紋的豪華紡織品和衣服。在米吉多、吉甲和伯善等地都曾發現該時期最富特色和藝術價值的手工製品。由於埃及在迦南的政治勢力受到削弱，位於從埃及通向敘利亞、腓尼基重要商道上的迦南商業城市得以比較獨立地發展，隨著商隊川流不息透過而更趨繁榮。在語言文字方面，迦南人大多使用阿卡德語和楔形文字，也有一部分講埃及語和使用象形文字。在宗教信仰上，迦南人的每個公社、城市和部落各有自己的保護神，流行多神崇拜和人的祭獻。從住宅和墳墓隨葬品來看，當時迦南已有十分明顯的貧富分化。

然而隨著西元前 16 世紀前葉西克索人被逐出埃及以及埃及人重新征伐迦南，迦南文化趨於衰落，特別是在手工業生產和藝術方面，陶器品質的顯著下降便是明證。新王國時期的埃及法老利用駐軍和當地臣服的王公控制了迦南大部，榨取名目繁多的貢賦。西元前 15 世紀至西元前 13 世紀，埃及人與在小亞細亞崛起的赫梯王國為爭霸西亞不斷發生衝突。西元前 13 世紀初兩者締結和約，分占迦南。在隨後的歲月中，來自海上和沙漠地帶的部落遷徙、攻掠致使迦南各地動盪不安，也打擊著埃及和赫梯在當地的勢力。正是在這一背景下，作為猶太人先祖的以色列人再度進入迦南，在這兩大文明交會處開始建立自己的文明。

以色列文明發展

以色列民族的誕生

在亞洲大陸的西部，著名的幼發拉底河和底格里斯河發源於北方的高山，流向波斯灣的海水中。這兩條大河夾帶大量的泥沙奔流不息，沖刷沉積，在兩條河流之間形成了廣袤的平原。在這片肥沃的沖積平原上，生活著一些古老的民族。他們大都是背井離鄉，歷經漂泊才來到這片肥沃的土地上的。

在距今大約四千年前，在這些漂泊而來的民族中，出現了一個來自南方沙漠的小部落，這就是後來的以色列人。

兩河流域的古代諸民族，最早都屬於閃米特人，除以色列人外，閃米特人還包括古代中東的巴比倫人、迦南人、阿拉米人等。在早期，這些閃族人完全過著逐水草而居的游牧生活。

這個小部落同其他部落一樣，也拜祭諸神，但他們敬奉最多的都是其部落主神耶和華。

古代閃族男女這個小小的閃族部落在波斯灣沿岸烏爾生活了相當長的一個時期，後來他們又沿著幼發拉底河繼續向西遷徙，希望找一塊肥沃的土地定居下來。

此時，部落的族長名叫亞伯拉罕。亞伯拉罕與他的先輩們不完全一樣，他認為耶和華不僅只是本部落的神，而且是天與地的創造者，是包容一切的宇宙神（上帝）。

亞伯拉罕打碎偶像，只信耶和華亞伯拉罕的父親，他拉屬西閃米特人。他拉本來住在烏爾城，後來才向北順著新月形肥沃地帶的右翼遷到了哈蘭。亞伯拉罕時代，偶像崇拜十分普遍，他拉也對各種偶像的神力深信不疑，家中供奉有許多泥塑的偶像。亞伯拉罕堅信偶像決無神力，對其崇拜當然也愚蠢荒謬，於是拿起斧頭打碎了所有偶像。他觀察萬物，見季節變換，草木枯榮，日出日落，皆有輪迴，便悟想世上必有某位神靈於冥冥之中安排這一切。由此亞伯拉罕只信這位全能獨一的神靈 —— 上帝，而且後來在自己的部落內也確立了對上帝的一神信仰。

據說亞伯拉罕在 75 歲的時候，聽到了上帝耶和華的聲音，以色列人的最高神耶和華命令亞伯拉罕到另一個地方去建立自己的國家，聲稱：「我必叫你成為大國，賜福給你，叫你的名字為大，而你也要叫別人得福。」於是，在「神靈」的啟示下，亞伯拉罕帶著眾人沿大河北上，並渡過幼發拉底河，向西進入迦南。當地的迦南人稱他們「以色列人」，意即「渡河而來的人」

亞伯拉罕率族人從烏爾來到「上帝應許之地」迦南伴隨這

一稱呼的誕生，一個新的、獨特的民族登上了世界文明的歷史舞臺。

　　亞伯拉罕為了自己的信仰而作的這次遷徙，直接促成了一個民族的誕生。當亞伯拉罕跨過幼發拉底河時，他拋在身後的不僅是信異教和偶像的親人，更是異教和偶像本身，他所帶過河的不僅是一種新的宗教信仰，更是一個新的民族。

寄居埃及

亞伯拉罕率眾遷居迦南後，以色列人開始在此繁衍生息。傳說亞伯拉罕的妻子撒拉生下兒子以撒，以撒次子叫雅各，力現代壁畫「雅各路宿荒部，夜夢天使和耶和華」。這是根據《聖經‧創世記》第 28 章內容所畫。畫中雅各頭枕一塊大石頭，正夢見一群天使在一個通天的梯子上來回走動，耶和華站在梯子頂端對他說：「我要將你現在所臥之地賜給你和你後裔，你的後裔必像地上的塵沙一樣多。」大過人，曾與天神角力獲勝，為神賜名「希伯來」，意為「與神摔過跤的人」，故希伯來人又稱以色列人。雅各有 12 個兒子：流便、西緬、利未、猶大、以薩迦、西布倫、約瑟、便雅憫、但、拿弗他利、迦得、亞薩。

西元前 20 世紀以色列人遷緹圖西元前 18 世紀末西克索人攻入埃及時，為迦南旱災和饑荒所困的以色列人也隨同西克索人遷徙埃及，到達尼羅河在埃及受奴役的以色列人三角洲的歌珊，在此水草豐盛之地從事畜牧，生息繁衍，由雅各 12 個兒子的後代繁衍擴充套件成為 12 個部落分支。但他們的信仰卻與當地埃及人格格不入。西元約前 16 世紀西克索王

朝被推翻，統治埃及的新王國法老把和西克索人同屬閃族的以色列人貶為奴隸，強迫其服苦役，從而結束了以色列人在當地安居樂業的美好日子。法老不僅處心積慮地虐待這些不同信仰者，而且甚至發布一條殘暴的法令：凡以色列人所生之子必須溺死。

統治者的民族排斥，給以色列人帶來深重災難，整個民族面臨滅絕的危險。

摩西率眾出埃及

　　正當以色列人慘遭異族凌辱之際，其卓越不凡的民族英雄摩西應運而生，正是他奠定了古代猶太民族和猶太教創立的基礎。

　　猶太人在埃及飽受壓迫和摧殘，摩西挺身而出，和他的兄弟阿倫一起，就猶太人的地位問題和埃及法老進行了激烈的談判。

　　傳說上帝在西奈山授給摩西《十誡書》，於是摩西帶領猶太人逃出埃及，開始了他們尋找理想國度的艱難旅程。據《聖經》記載，摩西在西奈山蒙召受命，被上帝賦予拯救以色列人脫離埃及苦難的重任，摩西和兄長亞倫經過與法老的一系列抗爭，終於逃離了埃及。「遷出埃及」意味著以色列人擺脫異族奴役的自我覺醒，是古代猶太民族開始形成的一個關鍵性代表。摩西率眾在途經西奈沙漠時，出於加強民族凝聚力的需要，摩西對恢復偶像崇拜的以色列人發動了一場統一信仰的宗教行動。他假借神主耶和華之命在西奈山下與其族人約定「十誡」，作為耶和華與猶太人訂立的約法，這就是著名的「摩西十誡」：

19 世紀中葉奧地利猶太人經卷護封上刻的「摩西十誡」。

一、除耶和華之外，不可信仰別的神；

二、不可為自己雕制和崇拜任何偶像；

三、不可妄稱耶和華的名；

四、當守安息日為聖日；

五、當孝敬父母；

六、不可殺人；

七、不可姦淫；

八、不可偷盜；

九、不可作偽證陷害人；

十、不可貪婪他人的一切。

從奴役到應許之地圖「摩西十誡」奠定了猶太教的理論基礎，使猶太人在精神上統一了起來。猶太人的一神信仰終於在律法保障下，在與種種矛盾的抗爭中確立和鞏固下來，作為堅實的精神支柱支撐著以色列人走出荒野，回歸迦南。

但率領以色列人逃出埃及的摩西，和他那一代人都未能回到迦南。據《聖經》載，摩西到達約旦河東岸後，登上尼波山的毗斯迦山頂，遠眺上帝「應許」給以色列人的土地後，便溘然長逝。臨死前摩西立約書亞為他的繼承人，來繼承他統

領迦南全境的未竟事業。因此對迦南的征服是從約書亞開始的，大約始於西元前 13 世紀中期。從這一時期到大約西元前 1030 年掃羅為王，以色列民族進入士師執政時期，史稱「士師時代」。

士師時代

　　西元前 12 世紀初，摩西把以色列人帶回了迦南的門口，但他自己卻在進入迦南之前去世了。摩西的繼承人是約書亞，他是一個意志堅定、足智多謀的領袖。在他的帶領下，以色列人又經過七年征戰，逐個擊敗了迦南境內林立的各個土邦，攻陷了一座又一座城池，殺死了 31 名土王，征服了除沿海地區和耶路撒冷等少數幾個地方的迦南全境。接下來，約書亞把迦南從南到北平均分給 12 個以色列部落。從此，直到西元 135 年被羅馬人逐出巴勒斯坦，以色列人在這裡連續生活了 1000 年；也正是從此時起，他們的命運才與這片土地緊密地連在了一起。

　　征服和定居是一個漫長的過程。回到迦南的以色列人，逐漸向當地居民學會了農業生產技術，開始從一個游牧或者半游牧的民族轉變為一個定居的民族。以色列人與迦南的各部落混居雜處，甚至通婚融合。在這個過程中，一個新的猶太民族逐漸形成了。

　　此時，各個部落中出現了一些被稱為「士師」（意為「審判官」或「拯救者」）的部落首領。這些由推選產生的士師既

是軍事統帥，又是宗教領袖，平時管理內部事務，解決民事糾紛，戰時則指揮族人作戰，但他們的職位和權力不能傳給自己的兒子。這是一種軍事民主制度，這個時期也就被稱為「士師時代」。這一時期從西元前 13 世紀猶太人定居迦南，到西元前 11 世紀以色列王國建立，約有 200 年的時間。《舊約聖經》中《士師記》記載了這段歷史，集中敘述了 12 位士師的事蹟，他們包括俄陀聶、以笏、底波拉、基甸、耶弗他、參孫、珊迦、陀拉、睚珥、以比贊、以倫和押頓。

最後的參孫，士師表參孫最後弄塌房屋，與非利士人同歸於盡。此時，古老的部落氏族制度開始解體。在北方，10 個以色列人部落組成了部落聯盟，叫「以色列」；在南方，便雅憫和猶大兩個部落組成了另一個聯盟，被稱為「猶太」。各個部落或部落聯盟之間常常會聯合起來抵禦外敵，但也不時會發生內部衝突，自相殘殺。以法蓮部落與迦得部落有一次在約旦河兩岸發生了衝突，以法蓮部落有 42000 人死於同族人的刀劍之下，實力被大大削弱了。《聖經》記載說：「那時以色列中沒有王，各人任意而行。」唯一能保持各部落之間聯繫的大約只有共同的信仰 —— 猶太教。這種割據和混亂局面持續了大約 200 年。

到士師時代末期（大約西元前 12 世紀後期），來自愛琴海諸島和小亞半島沿岸的海上民族非利士人日益強大。他們

從赫梯人那裡學會了冶鐵技術，憑藉先進的武器，占領了迦南的沿海地區，並不斷向東擴張，奪占以色列人的土地。亞弗一役，以色列人損失慘重，連宗教聖物約櫃也被非利士人掠走。外部強敵使以色列人面臨著巨大的危機。

以色列人迫切地感到需要結束內部紛爭，團結一致對付外侮。大約西元前 1025 年，掃羅在迦南建立了統一的以色列人國家，都城在便雅憫屬地的基比亞。這樣，士師制度就過渡到了君主制度，統一的以色列王國誕生了。

統一的王國

　　掃羅（約西元前 1025 ～前 1013 年在位）雖是以色列王國的第一任國王，但他的王國依然帶有舊時部落關係的痕跡。事實上他仍然只是古老的、鬆散的部落聯盟組織到完善的君主政體之間的過渡人物。而他的繼承者大衛王（約西元前 1013 ～年輕的大衛為國王掃羅砍掉歌利亞人頭後的西元 973 年在位）才是真正意義上的以色列君主王國奠基者。他統一了以色列人各部落，建都耶路撒冷。作為英明的統帥，他揮師降服非利士人、亞捫人、亞蘭人等外部強敵，在從「埃及之溪」（即西奈半島耶路撒冷錫安山的大衛之墓）到幼發拉底河畔之間的遼闊疆域裡確立了自己的統治地位。

　　他還是一位傑出的政治家，在武力征服的同時，積極著手進行軍事、政治和宗教方面的改革；軍事上，為確保各部落對中央政權的效忠，他建立了一支來自各部落的預備部隊；並把早年追隨他的武士衛隊進行改編，以其為核心，廣招僱傭兵，組成一支強悍的常備部隊；為便於控制軍隊，他把軍隊分成十人、五十人、百人和千人規模不等的各級部門，讓軍隊成為其王國政權的有力支持。政務上，他在中央設立元

帥、史官、祭司長、書記等官職，協助自己處理國務，而且
他的眾子也均被授予官位。宗教上，他大力扶植猶太教，以
盛大的儀式把約櫃（約櫃是個神聖的櫃子，這個櫃子是古代
以色列人按照上帝的指示與設計打造出來的。）迎入耶路撒
冷。這位文武雙全的治國能手成為猶太史上繼摩西之後的又
一位卓越人物，「他把 12 個部落統一成一個專制君主統治的
鞏固國家」。

正是在大衛王文治武功的基礎上，以聰慧睿智而著稱的
所羅門國王（約西元前 973～前 930 年在位）繼續在政治、經
濟、文化和外交上都取得空前矚目的成就。鑒於大衛統治時
期王國版圖已達到最大限度，因此所羅門要做的主要是鞏固
王權、增強國力。為完善中央集權，所羅門進一步改組行政
機構，增設官職。不但朝廷有了新設的宰相，而且在眾祭司
之上。

兩個婦女為爭奪一個孩子而吵得不可開交，後來找所羅
門評理。所羅門巧妙地解決了這個問題，顯示了他超人的智
慧。任命撒督為祭司長，實施祭司世襲制。更令人矚目的
是，他將全國按地域劃分為 12 個行政區，每區各設一名總
督，主要職責是徵收賦稅、攤派徭役。行政區的劃分打破了
昔日以色列人各部落的地域界限，進一步將民眾百姓納入以
國王為中心的國家生活之中。各區總督均由國王直接委派任

命，他們都對朝廷負責，國王還時常派遣欽差大臣到各地巡行督察。這些政策極大地推進了以血緣關係為基礎的部落制度的解體程式，逐漸建立起一種以地域為基礎、由國王直接控制的全新的地方行政體系。

在所羅門王的統治下，以色列王國經濟發展，國運昌盛，成為當時西亞北非最富庶的奴隸制王國。至此，以色列語成為迦南通行的主要語言，迦南成為以色列人生息勞作的共同地域，以色列人也逐漸變成以從事耕作、園藝業為主的農業居民，形成以猶太教信仰為核心的共同精神文化，古代猶太民族基本形成，其民族國家 —— 以色列王國作為民族統一的載體，為古代輝煌的猶太文明奠定了發展的根基。

王國衰落

西元前 933 年，所羅門去世，其子羅波安即位。以色列民眾對這位新王寄以希望，請求他減輕賦稅，結果卻遭到斷然拒所羅門在位期間，是猶太王國最繁榮的時期，民富國強，圖為所羅門在向上天祈禱。絕。民眾於是轉而擁立反叛的耶羅波安為王，於是以色列統一王國正式一分為二：北方 102 個支派歸順耶羅波安，史稱以色列王國或北方王國；南方猶大和便雅憫兩個支派仍忠於羅波安的統治，稱猶大王國或南方王國。北方王國存在 200 多年，於西元前 722 年被亞述滅亡；南方王國存在 350 年左右，於西元前 586 年被新巴比倫滅亡。從統一王國分裂到猶大王國滅亡的幾百年，史稱王國分裂時期。對於這一時期的以色列人來說，大衛、所羅門時的輝煌興盛已成為歷史，南北兩國自始至終被內憂外患所困，終日處於風雨飄搖之中。

亞述士兵使以色列人處境艱難的首先是南北兩國之間的爭霸鬥爭。南北分裂後，雙方彼此敵視，內戰不斷。除了南北之間的戰爭外，南北兩國內部的權力爭奪也削弱了各自的力量。內部傾軋、外敵蹂躪、貧富懸殊、信仰危機日趨一日

地加劇了兩個王國的衰敗，並使之最終屈服於異邦統治之下。

對以色列人製造威脅的先後有埃及人、亞蘭人和亞述人。從西元前 10 世紀到西元前 7 世紀的近 3 個世紀中，亞述逐漸征服了整個西亞。亞述王提格拉·毗列色三世在位時，北方以色列王國只能依靠向亞述大量進貢才能免遭滅國之災。到了以色列王國最後一位國王何西阿在位時，他不滿於做亞述的傀儡，幾次拒交貢金，並與埃及聯合，試圖擺脫亞述的控制。亞述王撒縵以色五世為了防止以色列王國對自己構成威脅，同時為日後出兵埃及掃清道路，決定徹底滅掉以色列，於是派出重兵圍困以色列首都撒馬利亞。3 年後，即西元前 722 年，亞述王薩爾貢二世率兵攻破了撒馬利亞，將其夷為平地，北方以色列王國就此滅亡。

北方王國滅亡，其境內 10 個支派的以色列人被亞述王流放到亞述各地。這 10 個支派的居民在當地土著宗教、習俗和文化的長久影響下，逐漸和當地的異族通婚雜居，被其同化，久而久之，熔於一爐。這 10 個支派的以色列人，便從此消失於歷史舞臺。這便是以色列歷史上所謂的「失蹤的十個部落」之迷。

相對於北方王國而言，南方的猶太王國存在時間稍長一些，但面對大國的野心，猶太王國終躲不過任人宰割的命運。它以向亞述帝國稱臣納貢為代價，繼續維持了一百多年，在亞蓼與埃及爭霸的夾縫中苟延殘喘。西元前 612 年，

亞述帝國被新巴比倫聯合米底人擊垮，其對近東的統治也趨於瓦解，南方的埃及在法老尼科統治下，趁虛而入，興兵北上，約西元前至今仍生活在巴勒斯坦的撒馬利亞人 608 年，在米吉多一戰中，猶太戰敗，國王約書亞被殺，其子約哈斯即位。但 3 個月後，即被尼科流放，約書亞的另一個兒子約雅敬被立為猶太國王。同一時期，日益強大的新巴比倫於西元前 605 年在卡爾赫米什（Calchemish）擊敗了埃及軍隊，取而代之成為西亞的實際統治者。西元前 597 年，新巴比倫王尼布甲尼撒率軍攻破耶路撒冷，立西底家為傀儡國王。10 年後，猶太王國反叛新巴比倫，立刻遭到毀滅性的報復：新巴比倫軍隊攻破了猶太王國所有設防城市，並於西元前 586 年攻入耶路撒冷，將聖殿夷為平地，猶太王國作為一個主權國家已從此不復存在，淪為新巴比倫的一個殖民地。

新巴比倫王國攻占猶太王國後，包括國王、貴族、祭司和工匠在內的上萬名猶太人戴著手銬腳鐐，被掠往巴比倫，此即歷史上著名的「巴比倫之囚」。至此，以色列王國徹底覆滅。自此時起直到西元前 538 年，以色列人進入其歷史上為期近半個世紀的被擄時期。這一時期的歷史雖然不長，但在以色列民族史上十分重要，影響深遠。巴比倫囚虜事件，對於以色列民族凝聚力的加強，對於猶太教的進一步發展，乃至對於猶太復國主義思想的根植，都造成了重要的作用。

猶太自治省

　　新巴比倫王國對西亞的統治並沒有維持太久，西元前538年，新興的波斯帝國滅了新巴比倫帝國，以色列人轉而成為波斯帝國的臣民。波斯大帝居魯士需要在地處西亞北非間要塞的巴勒斯坦由以色列人建立一個穩固而友善的據點，它既可作為進擊埃及的理想跳板，又能用以抵禦希臘人的東侵。同時鑒於猶太教一神觀符合其鞏固專制統治的利益，居魯士便准許流亡的以色列人重返家園，並支持他們在耶路撒冷重建聖殿，復興猶太教。他下詔通告全國：「耶和華天上的上帝已將天下萬國賜給我，又囑咐我在猶大的耶路撒冷為他建造殿宇。在你們中間凡作他子民的可以上猶大的耶路撒冷，在耶路撒冷重建耶和華以色列上帝的殿。願上帝與這人同在。凡剩下的人，無論寄居何處，都要用金銀財寶牲畜幫助他們。另外，也要為耶路撒冷上帝的殿甘心獻上禮物。」

　　於是在異鄉生活了50年之後，第一批約4萬名猶太人開始回遷。西元前537年，猶太人在一位大衛家族的王子所羅巴伯的率領下，經過幾個月的艱難的長途跋涉，終於回到了故土迦南，見到了他們魂牽夢縈的耶路撒冷。但是，回歸的

以色列人已面臨著一種完全不同於西元前 586 年以前的社會形勢：到處是殘垣斷壁，荒草叢生，大部分土地也被周圍遷移過來的亞捫人、以東人、摩押人所占領，他們只好在一塊環繞耶路撒冷的不大的土地上定居下來，成為波斯帝國大馬士革總督統轄下的自治省。到西元前 516 年，經過 20 年的修建，耶路撒冷重建聖殿的工程方才竣工，猶太歷史上的第二聖殿時期開始。聖殿的重建，為散居各地的猶太人樹立了一個神聖有形的象徵，成為堅定他們的宗教信仰、不受異族同化的精神支柱；同時，還象徵著遭受滅頂之災的猶太人的重新崛起，是猶太民族不屈不撓的再生精神的具體展現。

希臘化時代

西元前 331 年，希臘 —— 馬其頓王亞歷山大率領東征軍占領波斯首都蘇撒，滅亡波斯帝國，建立了地跨歐亞非的亞歷山大所羅門王死後的巴勒斯坦形勢圖帝國，巴勒斯坦也隨之成為亞歷山大帝國的一部分，以色列人進入持續 170 年的希臘化時代。在幅員遼闊的亞歷山大帝國境內，被征服的居民雜居交往，造成以色列人歷史上的第二次大流散，巴勒斯坦的以色列人逐漸流散到南歐、地中海諸島以及北非、中亞各地。西元前 323 年，亞歷山大病死巴比倫。隨後地跨歐亞非的龐大帝國一分為三，即安提柯王朝統治下的希臘及馬其頓、托勒密王朝統治下的埃及和塞琉古王朝統治下的敘利亞。後兩者為稱霸東方展開了持續近百年的「敘利亞戰爭」，夾在中間的巴勒斯坦先隸屬於托勒密王朝，西元前 198 年後，落入塞琉古王朝控制下。兩王朝繼續追隨亞歷山大推廣希臘文化的政策，僅在巴勒斯坦一地就建立起 30 多座多民族雜居的希臘化城市。

在這希臘化時代，無論已經流散於南歐、北非和西亞各地的以色列人，還是依然留居於巴勒斯坦的以色列人，在其

物質和精神生活的方方面面都自覺或不自覺地受到希臘文明的浸染。西元前 3 世紀時，以色列語逐漸退化為一種主要用於祈禱和書寫經書的宗教語言，希臘語則為越來越多的以色列人接受、使用，並出現了一批以色列思想和希臘精神相結合的作品。猶太文化與希臘文化交融的結果，「創造出了一種獨特的、兼猶太與希臘特徵的文化。這種文化不僅影響了古代哲學，而且對早期的基督教也起過相當大的影響」。

馬卡比王國

　　耶路撒冷有一位虔誠的祭司馬塔提亞・馬卡比，他有五個考古發掘出的馬卡比時期的遺址兒子：約翰、以利亞撒、猶大、約拿單和西門。父子六人為了反抗塞琉古王朝的殘暴統治，於西元前 167 年發動了馬卡比大起義。

　　起義隊伍節節勝利，力量不斷狀大。西元前 161 年，以色列人的領袖猶大在戰爭中犧牲。猶大的去世使以色列人面臨深重的災難。塞琉古王朝官員和猶太叛教者對起義者及虔誠派進行反攻。在這危急關頭，起義者紛紛來到約拿單面前，要他接率眾起義的以色列教老祭司馬塔提亞・馬卡比銅像塞琉古國王安條克四世，他的殘暴統治導致了馬卡比起義。續猶大，領導起義。約拿單抑制住心中的悲痛，領導起義將士繼續與敵人戰鬥。不久，長兄約翰又被敵人逮捕殺害，這更堅定了約拿單、西門和起義將士的鬥爭意志。約拿單率領起義軍繼續與敵方將領巴克西得周旋作戰。巴克西得連續受挫後，不得不與約拿單談判求和，遣返猶太俘虜，並保證不再進犯以色列人。

　　可是到了西元前 143 年，有一位敘利亞將軍特利弗為當

上塞琉古國王，意圖制服以色列人。他設計將約拿單誘捕，後又將其殺害。這樣，起義的領導任務自然而然地落到馬卡比家族最後一位成員、馬塔提亞的幼子西門身上。經過浴血奮戰，西門最後將敘利亞軍隊驅逐出去。一個嶄新的獨立自由的猶太王國在血與火的洗禮中逐漸形成。

西元前 142 年，塞琉古國王底米丟二世為藉助西門的勢力以鞏固王位，便與西門訂立和約：允許以色列人享有各方面完全的自由，廢除安條克四世對以色列人宗教信仰的強行規定，承認西門為猶太國祭司長，批准前王與約拿單所立之約，免除以色列人對塞琉古王朝的貢稅。這樣，在馬卡比家族的領導下，巴勒斯坦以色列人經過 25 年的不屈不撓的浴血奮鬥，終於擺脫塞琉古王朝的統治，恢復了以色列人的獨立和宗教信仰，以耶路撒冷為首都建立了一個政教合一的猶太神權國家，史稱馬卡比王國。

在西門當政期間，馬卡比王國一直處於和平的環境。據記載，當時「以色列人和平地耕種自己的土地，土地上生長五穀，樹上結著果實。年輕人炫耀著自己光彩奪目的軍服，老年人坐在城市廣場的周圍，談論著往昔的大事。……人們在自己的葡萄園裡，無花果樹下，過著和平的生活，無憂無慮」。

攻入耶路撒冷城的起義軍在阿卡出土的鑄有安條克四世

頭像的銀幣。西元前 135 年，西門被陰謀篡位的女婿多利梅暗殺身亡。隨即西門的第三個兒子約翰·希爾坎即位。希爾坎登基伊始就向外擴張，征服四周鄰邦，占領了外約旦、撒馬利亞和以士買，從而擴大了馬卡比王國的統治範圍，使之大大超過了所羅門時代以色列王國的疆域。但與此同時，猶太祭司內部發生分裂，出現複雜的派系鬥爭，再加上哈斯蒙尼家族內部爾虞我詐，爭權奪利，馬卡比王國的光輝逐漸消失，國勢漸衰。

羅馬軍隊在燒毀第二聖殿的同時，還大肆劫掠聖殿裡的金銀器皿。猶太起義軍領袖巴爾·科赫巴（被稱為「星辰之子」，意為他就是耶和華派遣的救世主）。西元前 64 年，正當馬卡比王國內部各派為爭奪耶路撒冷聖殿大祭司的職位爭吵不已時，早已虎視眈眈的羅馬帝國伺機而動。羅馬大將龐培於東征途中率領鐵騎攻陷耶路撒冷，將巴勒斯坦劃入羅馬帝國的敘利亞行省。同年，羅馬人任命了新的猶太王，哈斯蒙尼王朝正式滅亡。由此馬卡比王國在巴勒斯坦存在了一百多年之後終於覆滅，一度享受到獨立自由的以色列民族重新開始了他們漫長的苦難生涯。在此期間，猶太人曾發動了多次武裝反抗，但均以失敗而告終。

西元 135 年，羅馬暴君哈德良撲滅猶太人反抗羅馬統治的最後一次武裝起義，下令徹底摧毀耶路撒冷，不准猶太人

跨入一步。至此，巴勒斯坦猶太人幾乎全部被逐或逃離。這
第三次大流散結束了猶太民族主體在巴勒斯坦定居的歷史，
猶太民族進入了為期 1800 多年的「世界性大流散時代」，從
而在一種極其特殊的歷史條件下延續、發展著自己獨特的
文明。

宗教信仰

猶太教的誕生

猶太教是最古老的一神宗教。從以色列人對神主耶和華的崇敬信仰，到獨尊耶和華為一神的猶太教確立，有一段相當長遠的歷史。據《舊約聖經》記載，4000 年前亞伯拉罕已在朦朧之中相信，冥冥眾神中有一個更有力量的主神，即耶和華。他是「根據耶和華的指示」率眾從美索不達米亞遷到迦南的。但這時的耶和華僅是亞伯拉罕及其直系子孫的上帝，甚至亞伯拉罕的僕人也不直接把耶和華認作是自己的上帝，而只是說「耶和華，我主人亞伯拉罕的上帝」。

在以色列藝術中，由於有關戒律禁止崇拜偶像，人物形象非常罕見。該畫出自貝斯阿爾發猶太會堂的鋪面路，描繪了亞伯拉罕準備以其子以撒獻祭的情景。

摩西雕像，在摩西的帶領下，以色列人成功逃出了埃及。在猶太教的傳統中，摩西被尊為最偉大的先知和導師。展現猶太人早期原始宗教信仰的聖石，在以色列哈佐爾鎮出土。如果說亞伯拉罕時代是猶太教的胚胎期，那麼摩西時代則是猶太教的誕生期。相傳，摩西與兄長亞倫在「神主耶和華佑助」下，率領苦難中的同胞離開埃及，穿行西奈沙漠和

曠野，返回美好寬闊的「流著奶與蜜之地」的迦南。然而在艱苦的返途中，自然條件的惡劣，生活物資的匱乏以及精神上的種種磨難，使以色列人對耶和華的忠誠發生動搖，以致再次出現了偶像崇拜現象。對此，摩西便想用上帝來約束他們。他把眾人帶到西奈山下，聲稱上帝耶和華召他上山為以色列人約法，要求全體以色列人齋戒 3 天，等他帶回耶和華的約法。隨摩西看到一些人供奉金牛犢，便憤怒地摔碎了刻有「十誡」的石板。後，摩西來到西奈山頂戒食默修，一連40 個晝夜。山下百姓見摩西遲遲不下山，以為他遇到不測，便紛紛拿出金首飾，鑄造一隻金牛犢。人們將這隻金牛稱為領他們出埃及的神，築壇敬拜，殺牲獻祭。摩西下山後，發現這一叛教行為，怒不可遏，讓人熔化了金牛犢，而且下令忠於自己的利未部落處死了 3000 多名叛教者。然後摩西再上西奈山向上帝「為民請罪」。又過了 40 天，摩西紅光滿面地帶著兩塊石板下山，向眾人宣布石板上刻著的便是上帝與以色列人約定的十條誡律，即：「摩西十誡」。

在宣布十誡之後，摩西還以耶和華啟示的名義，向以色列人宣布一系列宗教典章和律例，頒布了建造會幕、約櫃、燈臺、祭壇等宗教禮儀以及祭物、祭禮的實施細則，明確了專由利未部落成人男子擔任祭司的專職祭司制度，確定了踰越節、五旬節和住棚節等一些重要宗教節期。

　　杜拉歐羅普斯猶太會堂壁畫（西元 3 世紀）。畫面描繪了以色列人最早的大祭司、摩西的哥哥亞倫。摩西以宗教律法的形式確定了以色列人的宗教信條和倫理準則，實際上也制定了猶太教的一些最基本的教義和教規，人類最早的一神教 —— 猶太教便透過摩西在西奈沙漠「脫胎而生」了。耶和華從原先亞伯拉罕時期的部落神上升為全體以色列人的民族神，摩西明確地將耶和華稱為「以色列的上帝」。

耶和華大聖殿

　　所羅門最輝煌的歷史成就，是他用了 7 年時間在耶路撒冷為猶太教神主耶和華建造的大聖殿。

　　為了完成這項豪華龐大的建築工程，所羅門每季度從全國百姓中徵用 3 萬勞工，其中每萬人有一個月去異國黎巴嫩山區建聖殿圖砍伐樹木，另兩個月在國內從事勞役。此外，耶路撒冷的錫安山上也有 15 萬異族俘虜鑿石挑擔，日夜勞作。推羅王希蘭一世不僅為工程提供大量香柏木、松木等建築材料，而且派來了許多能工巧匠相助。

　　西元前 935 年，這一雄偉壯麗的建築終於竣工。這座聖殿是按照巴勒斯坦和敘利亞當時流行的樣式建築的。聖殿坐落在耶路撒冷的錫安山上，坐西朝東，呈長方形。外面有一道橢圓形的石頭圍牆，圍牆內建有高大的正殿和幾座側殿。正殿長約 9 丈，寬約 3 丈；殿內分門廳和對堂 3 部分。約櫃就放在聖殿最裡層的聖堂中。殿內的牆壁、天花板、門窗、抱柱、祭器和宮燈全部塗上一層厚厚的金粉，顯得金碧輝煌。與聖殿有關的還有兩件器物：銅海和銅柱，這不僅反映出猶太聖殿規模雄偉豪華壯觀，也說明當時猶太工匠已掌握

了高超的金屬冶煉和鑄造技術。在猶太歷史上，這座聖殿被稱為「第一聖殿」。聖殿落成後，在這年的住棚節，所羅門親自主持了在聖殿安放約框的隆重典禮。他向耶和華虔誠祈禱：「我已建造了一座殿宇，作您的居所，為您的永久住處。」耶和華聖殿的落成使所羅門城聲名大振。四方鄰國的遊客商賈紛至沓來，絡繹不絕。猶太教有了這座宏偉壯觀的聖殿作為崇拜中心，在以色列人心目中地位空前提高，耶路撒冷從此成為猶太教重要的聖地和以色列民族的精神中心。

聖殿重修

　　西元前 537 年以色列王是約書亞，他是一個虔誠的宗教徒。他恪守律法，所做的每件事都力求符合主的旨意，因此受到人民的愛戴。然而在他統治下的太平盛世裡，許多人卻開始腐化淫亂，連民間的長老、祭司們也都無法無天。其時，外邦一些強敵早已對以色列虎視眈眈，猶太王國處於巨大的危機之中。

　　以聖殿為中心的耶路撒冷然而約書亞還未能清楚地看到這一點。他在位第十八年，按照摩西律法程式，舉行隆重的儀式，慶祝踰越節（正月十四日）。他獻出了大量的牛、羊等祭品，這是自從撒母耳時代以來的歷代以色列王中最隆重的一次。此後不久，以色列便開始衰落了。

　　埃及王尼科這時正起兵征伐幼發拉底河畔的亞述王。約書亞想阻止他，尼科回信說：「猶太王，我沒有冒犯你，現在主和我們在一起，請不要與主對立。」後來約書亞親率大軍，與埃及人交鋒，不久戰死疆場。最終，以色列人被埃及所敗，被迫向埃及進貢。

　　約書亞死後，他的兒子約哈斯即位。僅 3 個月後，就被

埃及王廢黜，立約書亞的另一個兒子約雅敬為王。約雅敬年方 25 歲，即位之後立即下令大肆逮捕朝中的大臣，並監禁他的兄弟們，自己也幹盡腐敗墮落之事。不久，巴比倫王見尼布甲尼撒攻入以色列，就把約雅敬抓起來送往巴比倫，還從聖殿裡搶去許多神器。王位由約雅敬的兒子約雅斤接替，3 個月後也被尼布甲尼撒擄往巴比倫，聖殿再次遭劫。隨後巴比倫王立約雅斤的叔叔西底家為王，他強迫西底家以主的名義發誓忠於他，然而不久，西底家還是背叛了他。西底家在位 11 年，在他統治下的人民，生活極其腐敗，聖殿的祭司、長老們甚至比普通教徒還要墮落。聖殿被嚴重褻瀆了。終於有一天，巴比倫王震怒了，他率軍攻入耶路撒冷，把所有的青年人全都殺死，把國王的財產、聖殿裡的聖器和主的聖約櫃通通掠走；最後放一把火，將聖殿和全城夷為平地。西底家被剜去雙眼，倖存的人被押往巴比倫，淪為奴隸達 70 年之久，一直到波斯帝國興起。以色列人終於為他們的荒唐付出了代價。據說先知耶利米所言：「這塊土地將要撂荒 70 年，以補足過去未曾遵行的七年息耕。」

整整 70 年之後，波斯帝國建立，因其皇帝尊重以色列的上帝，以色列人的境遇才有所好轉。波斯皇帝古列剛剛登基，就發布詔書，讓以色列人返回耶路撒冷，重建以色列之主的聖殿，並將巴比倫王從聖殿搶來的聖器共計 5469 件交還

給以色列。以色列人聞訊後，立即從各地趕回耶路撒冷，共達 4 萬餘人，準備重建聖殿。

但古列不久就去世了，由亞達薛西即位。這時聖殿剛開始西元 1 世紀的有第二聖殿圖案的銀幣動工，一些當地的異教徒想參加重建，但遭到拒絕，於是他們就鬧事。波斯官員和大敘利亞及腓尼基的總督也向皇帝控告說：「耶路撒冷城自古以來就是邪惡與反叛之城。以色列人總是利用該城作為造反和戰爭基地，給歷代帝王帶來麻煩，城市本身也因此被毀滅。現在從各國回去的以色列人已開始重建城池和聖殿，一旦完成，他們就會停止納稅並反抗朝廷。」皇帝聽了這些，又查閱了歷代的記錄，發現情況確實如此，遂下令停止重建工程。一直到大利烏即位的第二年，事情才有了轉機。

第二神殿復原圖，這是猶太人為了慶祝他們成為唯一真神上帝的「選民」而在首都建造的一座聖殿。據說，先知哈該和撒迦利亞開始醞釀重建聖殿。皇帝的 3 名猶太侍衛聞訊後，就一直想勸皇帝改變先帝之命。正好大利烏舉行了一次盛大的宴會，招待全體朝臣、皇族和全國 127 省的全體司令官、省長和總督等等。皇帝喜歡辯論，經常召開盛大的辯論會，朝中很多大臣都因善辯而獲得他的賞識。每次大型歡宴，免不了要舉行庭前辯論，由皇帝判斷勝負。這次辯論的題目是：什麼是世上最強而有力的事物？優勝者將飲金盃、

睡金床、佩金項鍊、坐金飾戰車，併成為國王的謀士，獲親王爵位。3 位青年人商議了一番，就將答案寫下來，密封好，放在皇帝的枕頭下。

第二天皇帝起來，3 個人的答案便首先送上。於是皇帝把所有人都召集到議會大廳裡，開始主持辯論。他將 3 名侍衛叫了進來，說：「你們的答案我都看過了，現在解釋一下你們的答案，我們大家洗耳恭聽。」

西元前 14 世紀至前 13 世紀從代爾埃勒巴拉赫發掘出的陶器類人猿石棺蓋，有些臉外表象埃及人。一位青年首先站了起來，他說：「諸位，我認為酒是世界上最強而有力的東西。因為它能攪亂每個飲酒人的心緒，而且對任何人都有同樣的的效力，不管貧富貴賤。它使每個人感到無憂無慮，忘掉一切而歡欣無比；它使每個人感到富足，並且蔑視王權和官吏；它還使人忘記友鄰，反目為仇，拔劍相鬥。而酒一醒來，又全忘記剛才的行為。既然酒能這樣操縱人，它當然就是世上最強而有力的東西了。」它的答辯獲得了一陣熱烈的掌聲，很多人表示贊同。

第二名侍衛站了起來，說：「各位，我認為世上強者，莫過於人，人即萬靈之首，統治著大地和海洋，而皇帝是所有人中的最強者，是他們的主人，人們都要服從皇帝。所以，皇帝才是世上最強而有力的。在皇帝的權杖指揮下，人

們奮勇殺敵，摧毀城池，踏平山野，無人敢後退。農民要把所收穫的東西向一個牧人尋找回他迷失的羔羊皇帝進貢，市民要按規定向皇帝納稅；皇帝讓誰死，誰就得死；他下令毀壞莊稼，人們也得照辦。不管位及人臣者，還是武功蓋世的戰將，都必須服從皇帝。皇帝的起居住行，都有大批的侍衛戰戰兢兢地保衛他，不敢違揹他的意志。既然每個人都必須服從皇帝，世界上當然就沒有比他更強的人。」他的話同樣引得一片掌聲，連皇帝本人也微笑點頭讚許。

這時最後一名侍衛站起來，他叫所羅巴伯，長得英武聰慧，機敏過人，他不慌不忙地說：「諸位大人，我認為，女人和真理是最強大的。」眾人一片騷亂，有人叫：「真是胡說，女人難道比男人還強大嗎？」所羅巴伯說：「是的，女人把所有男人包括皇帝生到世上來，並養育他們長大成人。男人穿女人做的衣服，女人給男人帶來榮耀，沒有女人，男人便無法生活。酒雖然是強烈的，但是酒產自葡萄園，葡萄園由男人種植，男人由女人來生養。男人可以拚命累積自己的財富，但當他們看到一位美貌而體形姣好的女人時，他們就會目瞪口呆了，他們會毫不猶豫地拋棄財富去求取女人的歡心。一個男人會離開父親，告別祖國去和女人結婚，並忘記一切而和妻子度過餘生。所以，婦女是男人的主人。難道各位不是把辛勤勞碌所得的一切獻給妻子嗎？一個男人會四

處流浪、打仗、搶劫、偷盜，渡過江河大海，翻山越谷，與野獸殊死搏鬥，最後把他的戰利品拿回家去交給他所愛的女人。男人愛自己的妻子勝過父母，一些人被女人弄得神魂顛倒，成為女人的奴隸。有人為了女人甚至犯罪，被處死，喪失生命。我說得對嗎？」大家聽了都笑了起來。所羅巴伯接著說道：「皇帝的權力固然強大，沒有人敢冒犯他。可是有一次，我看見他跟自己的妃子阿佩米坐在一起，她從皇帝頭上取下皇冠，戴在自己頭上，還用手打皇帝的嘴巴，而陛下只是張著嘴望著她。她微笑時，陛下就報以微笑；她生氣時，他便奉承她、逗她，直到她情緒好轉。諸位，既然說女人的能力那樣大，那麼世界上最強的就是女人了。」皇帝和大臣們面面相覷，哭笑不得。

所羅巴伯停頓了一下，接著說道：「女人，確是很強大的，然而真理比一切都更偉大、更強而有力。世上的人尊重真理，萬物都服從真理。因為真理沒有絲毫的不公正。酒、皇帝、女人、全人類以及其他一切事物之中，都存在著不公正，都要最終消亡。然而真理是永恆的，真理永遠存在。真理無所偏護，從不行邪惡之事，它永遠公正，它強壯、高貴、永遠威嚴。讓萬物讚美真理吧！」

他話音剛落，所有的人全都歡呼起來，許多人上前把所羅巴伯抬了起來，高喊著：「真理是偉大的！是最強大的！」

這時皇帝笑著說：「好孩子，你獲勝了。你將做帝國的親王，我的親信謀士。另外，你還想要其他什麼呢？」

第二聖殿復原圖所羅巴伯說：「陛下，請允許我提醒你回憶你登基那天所發的誓言吧：你曾答應過重建耶路撒冷和重修聖殿，歸還聖殿的寶物。何況，古列皇帝也曾做過這樣的許諾。陛下是最慷慨大度的，我懇求你實現自己和古列皇帝的諾言。」

皇帝說：「以前聖殿曾一度重建，但不久就被先帝亞達薛西下令停止。既然古列先帝有過許諾，我馬上讓人去查一下。」

他立即命侍從查閱王宮檔案，很快就查到下列記載：「古列皇帝元年，降詔重建耶路撒冷聖殿，作為獻祭之所。全部費用由國庫開支，巴比倫王掠走的聖器，須全部歸還到聖殿原處。」

這時大利烏王站了起來，親吻所羅巴伯。

隨後皇帝下令重建耶路撒冷及聖殿，歸還所有聖器。他承認所有以色列人的自由，併發給他們返回故鄉的許可證，命當地異教徒交出他們當時從以色列人手中奪去的土地；他任命所羅巴伯為猶太總督，並派重兵護送他和流亡者榮歸故土。他下詔命令大敘利亞和腓尼基總督率地方官員撤離耶路

撒冷，讓以色列人民自治。最後，他撥出鉅款作為重修聖殿之用，違命者將被絞死。

所羅巴伯俯伏在地，高聲感謝上帝。隨後他在歡呼聲中離開議會大廳，仰望天空，情不自禁地開始讚美上帝：「主啊，你是一切勝利與智慧之源。我祖先之主啊，我感謝你，你給了我智慧，我是你的僕人。」

他帶著皇帝的詔書，奔赴巴比倫，把喜訊告訴給猶太同胞。他們在樂曲聲中狂歡慶祝了整整 7 天。隨後，他率領各支族的同胞，在皇家大隊騎兵的護送下，安全返回耶路撒冷。

所有從流放之地歸來的以色列人在故土定居下來之後，在皇帝的許可下，開始了大規模重建聖殿的工程。工匠們在先知哈該和撒迦利亞的鼓勵下順利地建造聖殿，終於在西元前 516 年建成了「第二聖殿」。這座聖殿與「第一聖殿」相比規模要小得多，也遠不如所羅門聖殿那般壯觀華麗。但經過諸多磨難後的猶太民族在精神上卻比以前要成熟了許多。正月十四日，他們舉行了莊嚴的儀式，慶祝踰越節，並奉獻了大量祭品。這是自約書亞王十八年的踰越節之後，又一次真正盛大的慶典。

哭牆的故事

西元 70 年阿布月（11 月）9 日，在強大的羅馬軍團的進攻下，耶路撒冷陷落，提多率領的羅馬軍隊夷平了五百多年前耶路撒冷猶太哭牆，上方是伊斯蘭教岩石圓頂清真寺。重建的聖殿。猶太歷史上的第二聖殿時代就此結束，阿布月 9 日從此成為銘刻著猶太人慘痛遭遇的一天，近兩千年來，猶太人一直在這一天紀念第二聖殿被毀。

宏偉壯觀的猶太聖殿雖然已不復存在，但猶太人仍將聖殿的遺址視為神聖的地方。羅馬人統治時期，一些猶太教徒夜裡冒著生命危險悄悄地到這裡來誦經祈禱，儘管他們所面對的只是聖殿被毀後留下的廢墟亂石，殘磚碎瓦。後來，當羅馬人的限制稍有鬆動時，一些猶太人便用廢墟上的大石塊，順著殘存的原聖殿西牆壘起了一堵大牆。

以色列人將寫有願望的紙條塞入哭牆的石縫裡從此次後，每年猶太教曆的 11 月 9 日，也就是聖殿被毀紀念日這一天，都會有許多以色列人來到這堵大牆下，哀今思昔，撫牆痛哭。因此，這堵大牆就被人們稱為「哭牆」。而以色列人更多地把「哭牆」稱為「西牆」，因為它們位於原猶太第二聖殿

的西側。他們相信，提多摧毀猶太聖殿後，這堵大牆是聖殿唯一殘留下來的部分。

許多世紀以來，耶路撒冷的基督教或伊斯蘭教統治者都不允許猶太人到原聖殿的遺址（被稱為聖殿山）去，於是，位於聖殿山一側的哭牆就成了猶太人唯一可以去的地方。而且按猶太教義的說法，只有當救世主彌賽亞降臨，被毀的聖殿才能重建。因此猶太人就把那堵大牆當做聖殿本身，在這裡禮拜、祈禱以及進行各種重要的宗教活動。久而久之，這堵大牆就成了猶太教最神聖的聖址。

✦ 哭牆北端的「威爾森拱道」

相傳，當年羅馬人攻占聖城時，猶太人常聚集在城牆前哭泣哀悼，「哭牆」的名字由此而來，圖為當代的正統以色列人站在哭牆前默默祈禱。哭牆長 48 米，高約 18 米，由 18 層巨石堆疊而成，石塊與石塊之間沒有使用任何黏接物，但牆體卻異常牢固，歷千年而不壞不垮。疊成這堵大牆的大石頭也飽含著歷史。今天人們看到的哭牆曾經過多次堆疊和加固，最上面的 7 層石頭是 18 世紀奧斯曼帝國時代重修阿克薩清真寺時疊上去的，石塊都比較小；中間的 4 層是羅馬一拜占廷時代堆疊的，石塊較大；接下來地面的 7 層是猶太第二聖殿遺蹟，其時間可以追溯到西元前 1 世紀至前 2 世紀，這

一部分是巨大的長方型石塊，平均厚 1 米，長 3 米。

　千百年來，哭牆作為猶太教最神聖的崇拜物之一，一直
是猶太人一個特殊的祈禱場所。

「拿弗他」的傳說

在亞述帝國統治以色列年間，聖殿和祭壇曾被毀壞，聖殿的祭司也被流放到巴比倫。傳說，就在這些祭司被流放之前，先知耶利米指示他們，從聖壇上取一些火種，將其藏在水槽底上。

西元前 520 年，一位波斯皇帝對以色列人有了好感，讓一位大祭司尼希米回到耶路撒冷，重建聖殿和祭壇。

石製面具尼希米完成了修建工程之後，舉行了一次盛大的獻祭儀式。他知道許多年前曾有一些祭司把聖壇上的火種藏在聖殿裡了，就讓那些祭司的後人去尋找火種。可是那些人找了半天，也沒發現，只在水槽底下發現一些清香純淨的油液。他們就向尼希米彙報說：「我們沒有找到火種，想必這麼多年過去，火種早已熄滅了。我們只帶回一些油液。」尼希米就吩咐他們取一些油液潑在聖壇的祭品上面。

不一會兒，陽光從雲層裡射了出來，正好照在祭品上面。突然，這些被潑了油的祭品一下子冒出火來，瞬息之間，所有祭品被燒得一乾二淨。眾人見了，全都目瞪口呆。這時，雲間還依稀傳來音樂之聲。大祭司約拿單趕緊領著眾

人大聲禱告，尼希米唱道：「主啊，上帝啊，你威嚴又堅強，仁慈而公正。你選中了我們的祖先為你的子民，和他們定下聖約，請接受他們的子孫所獻的燔祭吧！請你可憐你在異國他鄉受人欺凌的子民吧，營救他們，並懲罰那些欺壓他們的暴君吧，讓你的子民早日返回你的聖土。」

祈禱完畢，尼希米下令把餘下的油液全部潑在石頭上，火苗立即又閃現出來。眾人這才明白，原來這些油液是聖壇的火種變成的。

訊息傳開，大家紛紛前來禮拜。波斯皇帝聽說了，就將這塊地方列為聖地，並保護起來。他透過出賣這種油液發了大財。尼希米和他的朋友們給這種油液起了個名字叫「拿弗他」，意思是「聖潔」。

獻祭與聖器

　　以色列人的獻祭有定期與特別安排兩大類。多在家庭中進行的定期祭有日祭、周祭、月祭、季度祭、出生祭、結婚祭、死亡祭等等。多在會堂中進行的定期祭有踰越節、五旬節、住棚節等等。特別安排的是因勝利、災難、感恩、歉收等特殊需要而舉行的不定期祭獻，以表達蒙恩、謝主、保佑、消災的願望和請求。

　　以撒殺子獻祭獻祭的祭品多為牛羊、家禽、奶、油脂、酒、蜜等等。猶太遠古時可能用過人作祭品，但在亞伯拉罕時改為以羊代人。《創世記》第22章記述了上帝為了考驗亞伯拉罕是否虔信，令他將自己的獨生兒子帶到摩利亞的山上，用作燔祭。亞伯拉罕在該處築壇，並架上木柴，將兒子以撒捆邦在柴上，準備殺子祭神。上帝已知亞伯拉罕心誠，便讓其將一隻公羊代替兒子作祭品獻給上帝。後來以羊代人作為祭品奉獻上帝便成了以色列人必須遵循的律法。

　　《妥拉》及其經卷盒獻祭視情況和目的的不同又分成若干種。最常見的是燔祭，它又稱燒化祭。以色列人往往選用頭胎的公羊、公牛做祭品，而且不許用殘疾動物。牛羊屠宰

後，血可用手指彈在祭壇上，肉塊、脂油放在柴上焚燒。內臟作祭品前必須洗乾淨。窮人難以用頭胎無疾的牛羊做祭品，也可用斑鳩、雛鴿放在柴上焚燒來完成燔祭。燔祭的祭品最貴重，儀式因而也最為隆重，被列在獻祭中的第一位。

素祭是用農作物作為祭品。一般用細麵與油調和，加上乳香後放在壇上當作火祭。用不完的細麵、油、乳香歸祭司所有。素祭中必須放上鹽。在踰越節用新大麥穗軋粉，在五旬節用新小麥穗軋粉，這已經成為定例。

平安祭主要是祈求平安。平安無事是民眾乃至統治者最基本的願望。平安祭常常用牛羊做祭品，可以不用頭胎的雄性牛羊，但必須是沒有殘疾的健全之牛羊。屠宰時要將手放在供品的頭上，宰於會幕門口。祭司如在場，要把血灑在壇的四周。平安祭中還要將供品的兩隻腰子和內臟上的油脂等放在柴火上燒焚。供品的血與脂都不可吃，也已成為猶太人世世代代的定例。獻祭時也可用素祭與供品一齊獻給上帝。獻者要把一個餅獻給上帝作為舉祭，它歸灑平安祭牲血的祭司。所獻的牛羊肉，在獻的當日必須吃掉，一點也不能留過晚上。吃不完的在第三天用火燒掉。如果第三天還吃這種肉，便是不潔和有罪。

贖罪祭可分成祭司、會眾、長官、庶民幾類，其儀式與程序大致相同。凡做了耶和華所吩咐不該做的事，就該用沒

有殘疾的公牛犢作贖罪祭。將牛牽到會幕門口宰殺，將血用手指對著聖所的幔子彈七次，還要將血抹在會幕內祭壇的四角，剩下的血倒在會幕門口燔祭壇下。值得指出的是，為祭司和會眾贖罪都用公牛犢，而為長官贖罪用公山羊，為庶民贖罪用母山羊，其他程序大體相同。

贖愆祭在以色列人生活中也很重要。以色列律法規定不得為人作假證。如果一個人發誓後卻不把所見所知的事情說出來，那就不是一般的說謊過失，而是有罪。還有，在有所不知時觸了死獸、死畜、死蟲、別人的汙穢，一旦知道也應感到自己不潔和有罪。甚至在冒失時發了誓而又不去執行，事後感到負疚，也有罪過。在上述情況中，以色列人便要舉行贖愆祭，祭司便為他贖罪。如果獻祭者十分窮苦，祭品可改為兩隻斑鳩或雛鴿，在耶和華面前，一隻作贖愆祭，一隻作燔祭。將鳥頭連頸揪下，但不可把鳥撕斷，將血彈在壇的旁邊。其他供品可用細麵，但不能加油與乳香。

獻祭儀式中要使用一些器物，因為與上帝崇拜相聯繫，所以這些器物都具有神聖的象徵意味，可以稱它們為聖器，主要的有祭壇、約櫃、燭燈等。祭壇最初意指殺死犧牲敬奉上帝的以色列堂內景，中間是放置《妥拉》的約櫃。地方。祭壇可用石頭、泥土和金屬製成。古代猶太的祭壇一般都很簡樸。若築一座石祭壇，不可用鑿成的石頭，「因為你在上頭一

動工具就把壇汙穢了」。祭壇一般不建臺階,「免得露出你的下體來」。形式上的簡樸並不意味築壇材料的低劣。在《出埃及記》第 27 章中說,用皂莢木造了祭壇後,還要用銅皮包在外頭,壇上有一張銅網,網的四角配上四隻銅環,扛壇的皂莢木棒上面也要用銅包裹。可見,祭壇的簡樸性出於對上帝虔誠的考慮,而祭壇的神聖性則決定了用料的貴重。

約櫃的重要性不亞於祭壇。以色列人與上帝立約,將所立的內容刻在法版上,或抄寫在羊皮卷上,然後珍藏在約櫃之中。古代約櫃用皂莢木制成,長 2 肘半,寬 1 肘半,高 1 肘半。裡外都要包上精金,四周鑲上金牙邊,在櫃的四腳還要配上四個金環。用皂莢木做兩根槓,也用精金包裹。神聖的約櫃還要用族恩摩作為外部裝置,它的長與寬與約櫃相等,用精金做成。在施恩座兩頭分別做一個精金的基路伯。基路伯的形象很特別:有四張臉:正面人臉;右面獅臉;左面牛臉;後面鷹臉;有四個翅膀:上面兩個相接,下面兩個遮體;四個翅膀下面還有四隻人的手;有四條直腿,腳掌與牛犢之蹄相似。施恩座上兩個基路伯要臉對臉,即朝著約櫃。施恩座放於約櫃的上面。基路伯在約櫃上方的意義有二:一是作為天國守護使者保護約櫃;二是作為象徵上帝的坐騎、上帝行走的車輛、上帝的「腳凳」。

以色列人最早的約櫃置放在「至聖所」。在以色列統一

　　王國未建立之前，因戰爭而經常南征北戰，約櫃便隨時被帶上身邊，有時能發揮鼓舞士氣的作用。第一聖殿建成後，這個約櫃被放入聖殿，第一聖殿被毀後約櫃失蹤。當以色列人成為「巴比倫之囚」乃至後來返回故土時，也沒有任何關於約櫃的資訊。失去第一個約櫃後，以色列人用羊皮紙卷抄寫《摩西五經》來代替立約的法版，存放的容器也沿用約櫃的名稱。此後在猶太會堂中都有這樣的約櫃。約櫃所在的牆要面對耶路撒冷，表示與聖城的無法割斷的關係。有的會堂特為約櫃造一個神龕，它的上方是聖殿正門的壁畫，兩旁是大立柱式的龕門。

　　還有宗教活動場所的照明用燈也屬聖器，因其用途不僅是照明，所以具有十分濃厚的宗教意味。以色列人淨殿節從猶太曆 9 月 25 日開始，一共 8 天，除了其他慶祝活動，最有特色的便是家家戶戶門前都要點燈，而且每日增加一盞。那幾天晚上，到處是閃爍的燈光，因而淨殿節又稱「燈節」。平常的燈要成為淨殿節的燈，總要新增一些圖案與裝飾。例如在燈上出現了七分枝燭臺（Menorah）的浮雕、鳥頭的裝飾等等。有的西元 2 世紀的青銅七枝獨臺油燈燈上還刻有以色列文的銘文。這些文字表明了淨殿燈的象徵意義。用來做油燈的材料有泥、陶瓷、石銅等等。用料和做工的講究與否跟家庭的經濟狀況有關，因而燈的精美便成了財富的某種標誌。

淨殿燈的外形起初大多是扁平的梨狀，大肚中放油，小頭處是燈蕊。這種古代通行的泥燈形狀後來被多個尖角的圓形燈所取代，中心部是油碗，八個尖角都與油碗相通，各有一隻燈蕊。這種燈的明亮程度可想而知。在《塔木德》中，對淨殿燈的放法有規定：七分枝燭臺必須固定在門的左邊，經文楣銘應掛在右邊。這樣安放燈，使以色列人在進入門口時帶有一個願望：「你何其美麗，你何其歡悅。」也就是說，你有了經文楣銘是多麼美麗，當你有了淨殿燈是多麼歡悅。中世紀之後，淨殿燈基本上是 8 只燈蕊的形狀，出現了有靠背的淨殿燈，以防燈火與牆過於接近。但在裝飾上有所突破，出現了古代以色列人不敢製作的人像雕塑。

以色列人的精神之家

　　千百年來，以色列人的分布特點是一種世界範圍的「大分散，小集中」。雖然他們散居世界各地，但每一個地區或城市的以色列人一般都聚居在一起，形成一個當地的以色列社群。以色列會堂是每一個以色列社群的中心。以色列會堂是以色列人進行宗教活動、學習以色列律法、進行集會的地方。以色列會堂出現的時間很早，據說當西元前 586 年耶路撒冷的聖殿被毀後，以色列人失去了向上帝祈禱的場所，一些教徒便臨時在住宅裡聚集，進行祈禱和學習經典。到後來這種臨時性的場所就固定了下來，發展成了會堂。

　　薩費德的古猶太會堂以色列人非常看重集體性。按傳統猶太教規定，只要有 10 個年滿 13 歲的男子就可自行組成一個會眾，進行集體祈禱，否則就只能以個人名義作祈禱。這一法定人數稱為「民養」。只要達到這一法定人數，是否有拉比，是否有正式的建築物，均不重要。「會堂」一詞在以色列語中的意思是「聚集處」，其重點是在「人」，而不在「場所」。因此，會堂是以色列人存在的一種代表，凡是有以色列人生活的地方，就會有會堂。

　　以色列人的會堂不像基督教的教堂和伊斯蘭教的清真寺那樣，有著固定的建築式樣和布局。它的風格和式樣往往與當地建築的風格一致，展現了以色列人善於適應各種情況和善於吸收其他文化的特點。會堂的大小規模也根據當地以色列社群人數多少而定，小者就是一個房間，大者可容納成百上千人。

　　以色列人和猶太教最典型的標誌是由一正一倒兩個三角形疊在一起組成的六角星，通常被人稱為「大衛星」，或者「猶太星」，而以色列人則稱它為「大衛之盾」。一般來說，每個會堂無論其建築風格和式樣如何，外面都會有一個這樣的六角星標誌，使人一看就知道此建築物是猶太人的會堂。

　　上加利利地區發現的西元初年猶太會堂遺蹟會堂內部的陳設一般都很簡單，主要的部分是教眾的座位。一般男女座要分開，男座在會堂中部，女座在邊處。會堂裡最重要的地方是約櫃，裡面存放著《妥拉》經卷。它總靠著朝向耶路撒冷的一面牆，櫃前點著長明燈，外面用帳縵遮擋。會堂中央還有一個誦經臺，《妥拉》被從約櫃中「請」出來後，就置於誦經臺上，以便人們誦讀。會堂裡的聖物通常還包括一個被稱為「米諾拉」的七臂蠟燭臺。會堂內禁上任何偶像，但作為古代大衛王標誌的獅子圖案卻可以用來裝飾《妥拉》經卷。

　　猶太教堂的標誌 —— 猶太星、也被稱為「大衛星」，由

一正一倒兩個三角形疊在一起組成的六角星，在猶太教的禮
拜儀式中象徵看上帝耶和華對猶太民族的保佑。除了舉行宗
教活動外，會堂也還有其他一些功能：社群的領袖們在這裡
聚會，討論有關本社團的重要問題，孩子們來這裡學習宗教
知識，學習以色列語，成年人也來這裡學習和討論律法，參
加講座等，每逢節日，整個社群的人們都聚集到這裡來舉行
慶祝和紀念活動，可以在這裡唱歌、跳舞。這裡還是社群的
慈善機構，捐助、施捨都由會堂來收取和發放，幫助孤老病
殘的活動也都由它來組織。一些較大的會堂還有製作符合教
規食物的廚房，有為踰越節製作無酵餅的烘烤房，還可能有
專用來接待外地以色列人的客房。總而言之，會堂是社群的
活動中心，是以色列人的精神之家，對於猶太教不至於中斷
乃至猶太民族得以延續，都是功不可沒的。

以色列哲學

　　以色列民族沒有留下如古希臘那樣寶貴的哲學遺產，也沒有幾位如同中國先秦諸子那樣至今仍為人們念念不忘的大思想家。但是，他們留下了一部全世界都為之感慨不已的偉大著作 —— 《舊約》。儘管它不是哲學著作，但其中卻滲透著偉大的以色列哲學思想。《舊約》中提出的一些命題，具有哲學的涵義，甚至可以說是用宗教語言提出哲學命題。《舊約》的開篇就與其他民族的諸神傳說不同，那些與日月年的規律變化和周而復始的自然循環相聯繫的諸神故事均無痕跡可尋，只有一個至高無上的神，一個在精神上把握世界的神，一個與人類精神道德、世俗生活、歷史程式密切相關的神。雖然耶和華具有至高無上的控制自然的力量，但由於是為導引以色列人去執行他的意志，所以不以崇拜隱藏於自然界背後的神祕力量為目的，而是透過自然界來認識神意。《摩西五經》是《舊約》的思想基礎，而貫穿其中的就是一神教的世界觀。由此引出了神的意旨與人的自由、上帝的律法與人的慾念、人的罪孽與救贖等一系列哲學問題。

　　希臘化時期，以色列人接觸到了希臘哲學，以色列學者

開始關心希臘的智慧、理性、邏輯，他們試圖運用希臘哲學來為猶太教的教義辯護。智慧是希臘哲學的主要論題。以色列學者對智慧神聖表現出極大的熱情。在《所羅門的智訓》中，讚揚智慧是「關於自然力的真知」，並能使人認識「尚未認識的事物」，表達「塑造一切存在物的智慧是我的老師」的心悅誠服之情。以色列哲學家斐洛將上帝智慧化，將上帝說成是至尊、至全、至善、至知的創世主，具有公正、仁慈、善良、智慧的品格。

中世紀的以色列哲學深受亞里斯多德哲學的影響。亞里斯多德哲學對於基督教、伊斯蘭教和猶太教都舉足輕重。其原因有二：一是亞氏哲學能為中世紀的自然科學提供哲學基礎。以最抽象的形式解釋自然界的各種規律的科學研究得益於亞里斯多德哲學的思維方式。不僅如此，各種自然科學的探討最後都導向世界的最本質的存在，這隻有靠哲學才能得以解釋；二是亞氏哲學認為事物從潛在狀態進入實在化都需要外部的推動力或者稱為「原始推動者」。這種觀點對一神教崇拜幫助極大，上帝就是世界存在與活動的至高無上的原始推動者。

如果說希臘化時期以色列學者是初次接觸希臘哲學，沒能真正領會其精髓，那麼經過近千年的學習、思索、闡釋，以色列哲學家對希臘哲學尤其是亞里斯多德哲學的領會已進

入了一個全新時期。邁蒙尼德對猶太哲學前輩並不亦步亦趨，而是從亞里斯多德哲學中汲取養料，使猶太哲學自成體系。他認為不能修正猶太宗教來遷就亞氏哲學，相反，該修正的應是亞氏哲學。那就是亞氏哲學應該考慮以前不曾考慮的道德一神教提出的有關終極的實在和人類行為的一些觀念。

「創造」是宗教哲學中的基石之一。上帝能從無中創造出有來，這當然不符合亞氏哲學所強調的自然法則。邁蒙尼德強調：透過邏輯推理有助於認識自然秩序，但用來認識作為一個互相聯繫整體的世界是不夠的，人們無法否認宇宙的永恆，上帝創造世界同樣也是無法否認的。

以色列人的認識是不斷發展的，尤其是近代猶太啟蒙改革運動興起之後，以色列哲學更是取得了長足的發展。

宗教信仰

文化教育與文學藝術

深奧的以色列文

在世界各民族使用的語言文字型系中，以色列人使用的以色列文屬於較古老，也是較神祕、深奧的一種。

刻有「此處有猶太國王約書亞之骨，不要開啟！」的以色列文石碑（第二聖殿時期遺物）。以色列文是以色列人在參考了腓尼基的拼音文字基礎上建立的。書寫以色列文的字母最早可能產生於 3500 多年前，是迦南字母體系的一個主要組成部分，但很有自己的特色。

首先，在古代以色列文的字母表上只有 22 個子音字母，沒有母音字母。通常使用 3 個子音字母構成動詞的詞根。在組成文字時，讀者只能根據自己對句意的理解，加入母音讀出聲來。後來，有人試圖將 4 個可以代表母音的子音字母插在詞彙中，以標明其讀音，但沒有被普遍接受。直到西元 6 世紀以後，才出現了用小圓點和短橫加在子音字母下方、上方或中間的方式標明母音。

從古至今四種具有代表性的以色列字母書寫形式。從上到下依次為：西元前 10 世紀末使用的古以色列字母；西元前 2 世紀後半葉《死海古卷》上書寫的方體以色列字母；

15 世紀出現的圓體以色列字母；現代的方體以色列字母。刻在一座 11 世紀的以色列會堂牆上的以色列銘文字耶胡達其次，以色列字母曾被用來表示固定的數值，即前 10 個字母分別代表 1 至 10，第 11 至第 19 個字母分別代表 20、30、40……100 等 9 個整數，第 20 至 22 個字母分別代表 200、300、400。字母是代表一個詞還是代表一個數，只能根據句意去理解了。更令人難以理解的是，以色列文詞的數值又常被用來衍生詞語中隱藏的、神祕的含義，加上猶太神祕主義把每個以色列字母都賦予了一種獨特的寓意，因而在許多人眼中，以色列字母具有一種特殊的神祕色彩。

另外，以色列文的書寫方式從右到左，和其他文字從左到右的習慣恰恰相反。子音字母之間不連寫，字母也沒有大寫、小寫之分，因此不易區別一般名詞和人名、地名等專有名詞，這也給初學者帶來了很大的不便。

以色列文無母音字母的特殊現象給人們理解最早的用以色列文書寫的《聖經》和其他宗教經典帶來了一定的困難，影響到人們對文字原始含義的理解。人們在對《聖經》、《塔木德》等以色列人經典作註解或詮釋時，出現了一門獨立的、專門的以色列語語言學研究。

西元前 586 年猶大王國被新巴比倫所滅後，四處流散的猶太人為了適應新居住地的語言環境，不得不改學當地的語

言，以色列語逐漸成為近乎「死亡」的語言，只是在誦經、禱告等宗教場合被作為書面語言使用，而不再是一種有生命力的口頭語言。

以色列教育

　　以色列民族自古以來就注重教育。在以色列人心目中，學者比國王偉大。在以色列人重要經典著作《塔木德》中有一句話：「學習是最高的善。」強調了學習在以色列人倫理規範教育中的重要地位。以色列人愛學習與他們的宗教信仰有關。在猶太教中，教義和律法本身十分強調人與「上帝」的立約和溝通，認為不熟悉教義、不研讀律法，就會失去精神信仰的支柱。因此，認真學習《聖經》，從小接受宗教教育，成為每個以色列人的責任和義務。

　　西元前 11 世紀以色列王國建立後，在首都耶路撒冷出現了訓練「先知之子」的學校。這種學校靠人們捐款集資辦學，學生自己動手建造校舍，採用小組教學和自願學習的方式。祭司和先知成為最早的教師，他們向學生傳授律法、祈禱和禮拜儀式等知識。到西元前 6 世紀猶大王國滅亡後，猶太教會堂成了人們學習的重要場所，並出現了專職的教師，教授法律、歷史、文學和以色列語等知識。為了保持民族精神上的統一，對耶和華至高神的篤信與虔誠，對摩西律法的知曉

和信守，對以色列歷史和偉人的反思和崇敬，對世俗生活中的「必須」和「禁忌「的遵循和規避，對生產技能與動植物知識的介紹、普及，都是猶太教育中的基本內容。

在家庭中，兒童最初接受的是母親的基本道德教育。《箴言》第 1 章第 8 節稱：「我兒，要聽父親的訓誨，不可離棄你母親的法則。」男孩子稍大後，父親便開始向他傳授有關民族傳說、宗教信仰和祖先訓誡等方面的知識和某種職業技能。

以色列人重視學習、重視教育的傳統是猶太文化得到充分發展的重要保證。

作為教材的《舊約》

要探究以色列的教育，《舊約》是一個必不可少的出發點。作為教材的《舊約》與以色列教育有怎樣的關係呢？在成文的教材形成之前，那些在社群中、家庭中口頭流傳的神話故事、傳說人物、歷史事件、民歌民謠便成了古代每一個民族對下一代進行教育的主要內容。對以色列民族來說，《舊約》即死海文書。死海文書發現於希爾拜庫蘭附近洞穴中，包含了以色列文聖經本。抄本與今文版沒有重大區別，但年代在西元前 2 世紀，是現存最早的聖經文獻。是宗教經典，又是教育傑作。《舊約》是以色列民族關於世界與人類起源和本民族形成與發展的傳說，包括先知們的故事和他們對於以色列民族重要歷史人物與事件所作的思考，以及詩歌、智慧書、戲劇故事的彙集。在正式整合為《舊約》之前，這些內容先是口頭流傳，後來有一些零星的記載，最後在西元 1 ～ 2 世紀形成為正典。在長達一千多年的口頭流傳過程中，《舊約》事實上成了以色列民族關於本民族的歷史文化、宗教信仰、思想觀念、倫理規範、生活習俗的綜合教科書。雖則是口頭流傳，不取教科書的形式，但其包羅永珍的內容和通俗

易懂的記述方式，事實上成為以色列人從小接受教育的最好的教科書。

《舊約》的內容極為豐富，堪稱以色列文化的百科全書。《舊約》還探索世界的本原與人類的起源、人與上帝的立約、人與世界的關係等哲學問題。《舊約》中豐富的詩歌、箴言、智慧故事是以色列文學的寶庫，表達了以色列人豐富和深刻的感情思想，激發了以色列人奇麗和深邃的想像和智慧。以色列人從小就是在《舊約》營造的氛圍中成長的。即使在近現代，以色列各級教育的課本，仍然少不了《舊約》中的章節選錄，就像中國各級教育的課本，仍然不能沒有四書五經的選錄內容一樣。

《舊約聖經》中有一個特殊的篇章《箴言》，它以長輩訓導子女的口吻講述以色列人關於修身、持家、處世、辦事、待人、修養等格言和諺語，貫穿著推崇智慧和智人的主線，「使少年人有知識和謀略，使智慧人聽見增長學問，使聰明人得到智謀」。但是要獲得智慧和知識又必須篤信上帝，因為「敬畏耶和華是知識的開端」。敬畏上帝、履行律法、獲得智慧、學習知識，這四個方面相互滲透、相互依存，匯合成猶太教所追求的一種理想境界。

會堂的教育功能

　　據有關數據分析，以色列最早的學校出現在以色列王國所羅門執政時期。王國定都耶路撒冷時，不僅建起了王宮，而且建造了第一聖殿，聖城成了以色列民族的政治與宗教的中心，帶動了諸如商業、技藝等各業的發展。為了培養宗教和技藝方面的急需人才，便辦起了「先知之子」學校。雖不能確定其存在的具體形式，但從當時的情況來看，很可能附屬於聖殿，這樣不僅能透過聖殿宗教活動來集資徵捐解決辦學資金，還可以由祭司、先知們擔任教師以發揮其所長。他們向學生傳授律法、祈禱式、反省、冥想和拜祭等儀式，以及講解自己體悟出來的進入神境的奧祕。此類學校後來也出現在耶路撒冷以外的一些城市，以滿足各地宗教活動對祭司和先知的需求。

　　當南方猶大國亡於新巴比倫的鐵蹄後，以色列人面臨傳統被中斷、民族被同化的危險。所幸的是身為囚徒的以色列人並沒有忘記以色列律法和以色列聖殿，他們創立了以色列會堂以代替被毀的聖殿，整理出《摩西五經》以代替不知去向的約櫃，會堂這種宗教活動的組織形式由此產生。

　　在《猶太古代史》一書中，提到西元前 3 世紀前後太巴列、該撒利亞、多珥等地的會堂在以色列人生活中的重要地位。《塔木德》中明確說，巴勒斯坦地區有會堂 394 座。從耶路撒冷聖殿或會堂的學校中畢業的青年學者，在各地會堂中工作一段時間後便成了祭司或先知，並在這些會堂附設的小學中擔任以色列語和以色列律法的教學任務。

　　西元前 4 世紀，在希臘文化的衝擊下，不少以色列人運用亞蘭語甚至希臘語，生疏了以色列語，這給學習與講解以色列律法帶來了語言障礙。於是，凡培養誦讀講解律法的人才，便先要他們學習以色列語。那些用亞蘭語或希臘語講解律法的祭司可以在以後發展成為學院（類似學習班）的機構中學習以色列語，同時參加以色列律法的研究。這些機構通常設在會堂中。這樣，會堂不僅是以色列律法的研究基地，同時也成了學習以色列語的場所。

　　隨著希臘化程度的不斷提高，鼓勵學以色列語無法與希臘語流行的趨勢相抗衡。許多以色列人用希臘語在會堂中學習與講解以色列律法。據說 72 位猶太學者聯手合作，將希伯來聖經譯成希臘文即《七十子希臘文譯本》，不僅滿足了熟悉希臘語言的猶太教徒的要求，而且將猶太教中的概念與希臘思想中的概念進行了對照與融合，這使得希臘化程度較高的以色列人也能了解和學習祖先的律法和傳統。

　　雖然很難說當時到底有多少會堂使用《七十子希臘文譯本》，但會堂成為以色列民眾公共祈禱和學習的中心，卻是確定無疑的。人們在會堂中宣讀、聽講、研究《舊約》，會堂仍然是以色列教育的主要場所。西元 1 世紀的巴勒斯坦有一個從初級到高階的教育機構網。初級教育是小學，可以設在會堂內，也可設在會堂外，主要教育兒童學習讀書識字的基礎能力。青少年入中級專門學校，學習猶太宗教文學，青年則入類似學院的高階機構，它們往往設在會堂內，或由會堂的祭司與學者主持，青年學生在他們的指導下學習與研究律法。

　　在會堂所辦的高階教育機構中，聚集了相當一批虔誠的希以色列人在會堂開展教育伯來人，他們恪守猶太教信仰和傳統，被稱為哈西德人。後來，法利賽人作為猶太教的一個教派竭力維護以色列律法傳統。由於他們具有豐富的學識、知識和智慧，在猶太會堂的地位不斷提高，有取代世襲的祭司階層的趨勢。他們崇尚理性的生活方式，力求啟示和指導學生恰如其分地生活。

　　對於會堂的教育功能，有人曾有過概括：「會堂是一種學習的場所，是一座猶太教的學校，為以色列兒童和成人提供教育；或者可以這樣說，如果會堂不能作為正規的學校，那麼可以說是學校的前身和支柱。」

　　到了近現代，會堂的宗教和教育功能得以保持和發展，但其內容和形式在不斷變化，同時會堂的文化乃至政治功能也逐漸上升。

教育體制和拉比學院

　　以色列人從西元前 536 年起就開始意識到保護民族文化傳統的重要性。一批有識的以色列先知為了保護民族文化傳統和精神進行了一系列的宗教改革，家庭教育被看成是保持文化傳統的一個重要環節，因而受到重視。西元前 3 世紀，會堂開始創辦學校。

　　以色列最早承擔教育責任的是以色列聖殿以及會堂，最早的小學也是從會堂中誕生。雖然會堂辦小學受到社會上的歡迎，但卻無法滿足眾多學齡兒童讀書的要求。以色列人為了更好地教育他們的子女，在西元前 1 世紀，出現了會堂之外的小學。這些小學從識字、寫字、讀書開始，以啟蒙教育為主。

　　西元前 75 年，耶路撒冷猶太教公會頒布廣泛實施初級教育的條例，規定以色列社會必須資助公共教育，家庭必須送兒童入學。到西元 64 年，大祭司賈希瓦・本・卡納拉重申每個市鎮都必須設立一個學校，供 6 歲以上的兒童就學。6～10 歲的兒童在老師的指導下，先學文字，後學以色列律法的初步知識，以《摩西五經》為基本教材。卡納拉大祭司這個規

定獲得了一定的成效，可以視為以色列正規學校教育開始的
代表。

　　從這一階段開始，教育的內容從書面律法《摩西五經》
轉向口傳律法，步入猶太教育思想發展的新階段。其特點在
於不拘泥於書面律法的字面意義，使人們在書面律法的內涵
中發掘出數層含義，以適應不斷變化的社會環境。有的學者
還指出了另一個特點，即口傳律法實現了從「神的語言」向
「人的語言」的轉變，這意味著猶太教育從宗教中心向社會
中心的拓展。到 3 世紀，經猶大‧海親王審定，誕生了《密
西拿》。後來又出現了對《密西拿》進行補充和詮釋的《革馬
拉》，兩者合併形成《塔木德》。從此以後，猶太教的聖卷不
再是單一的《舊約》。《塔木德》與《舊約》一起構成了拉比猶
太教的基石。猶太宗教生活從早期依賴於獻祭崇拜轉向依賴
於人世間的道德行動和懺悔行為，進而使以色列教育重心從
對神的虔誠向人世間道德轉移，同時引起了以色列教育體制
上的變革。

　　教育體制的變革促成了拉比學院的誕生，它是以色列教
育體制變革的一大成果。在西元 3 世紀時，以色列人在遭受
殘酷鎮壓後學會了與羅馬統治者和平相處。以色列人的族長
被羅馬當局認可為「王公」，享有某些自治特權。在猶大‧海
親王領導期間，教長與拉比之間沒有多少矛盾。隨著拉比們

對《密西拿》的解釋以及把它運用於日常生活，拉比們開始在
加利利等地建立獨立的學術中心，其地位逐漸上升。起初是
圍繞個別哲人而建立的許多學術中心，後來逐漸相互聯合而
形成學院，以推動律法研究中的合作和辯論，這便是最早的
拉比學院。到西元 3 ～ 4 世紀，巴勒斯坦一帶已經建立了加
利利、該撒利亞、齊波拉等學院。在巴比倫則有蓬貝迪塔、
莫霍札等學院。巴勒斯坦的拉比學院以加利利學院為代表，
而巴比倫的拉比學院被統稱為薩珊波斯學院。

先知書中的文學味

在以色列人眼中，「先知」是指接受上帝委派、聽取上帝啟示並向民眾傳達上帝旨意的人，包括他們的祖先亞伯拉罕、摩西、第一任祭司長亞倫等。以這些先知為中心記述著「上帝從天上傳來的啟示」的著作被稱為先知書。重要的先知書包括《約書亞記》、《士師記》、《撒母耳記》、《列王紀》、《以賽亞書》、《耶利米書》、《以西結書》以及合為 1 卷的《十二小先知書》等，它們彙集了西元前 8 ～ 5 世紀先知們的言行。

儘管各卷先知書在以色列人的典籍中占有很重要的地位，其內容以對社會問題發表的政論為主，但文字的表現形式主要是詩文相間，並穿插了大量的寓意故事和異象等敘事手法，成為古代世界文苑中一支獨放異彩的奇葩。

先知彌迦。此畫繪於 15 世紀。彌迦是 12 小先知之一，約生活於西元前 8 元世紀下半葉，留有《彌迦書》。詩體與散文體穿插糅合是先知書寫作的一大特徵。敘事、描寫時一般用散文，透過優美的文字和文學色彩很濃的小故事勸告人們要懲惡揚善。

當散文敘事難盡心曲，需要抒發心中的激情時，先知們

便用詩歌的形式引亢高歌。在《聖經・耶利米書》中，先是用散文體記述了先知耶利米因剛直不阿、敢講真話，而受到了祭司和上層社會眾人的圍攻咒罵，甚至慘遭毒打和監禁。這時，舒緩的散文已無法宣洩耶利米內心難以抑制的憤恨，於是引出了下面一段充滿激情的詩句：

> 耶和華啊，我宣布你的資訊，
>
> 卻總招來譏諷，藐視。
>
> 但我若說：「我不再提起耶和華，
>
> 不再奉他的名宣講。」
>
> 我便覺得心裡似有燃燒著的火，
>
> 這火烤炙著我的骨髓，
>
> 使我不能自禁。

在先知書中，有時也透過一段寓意故事，或一個異象，峰迴路轉地暗示自己的思想意圖。

悽慘年代的文學呻吟

　　西元前 2 世紀至西元 1 世紀，以色列人的文學創作繼先知文學後進入啟示文學時期。此時正值希臘化時代後期和羅馬人統治時期，在以色列歷史上，這是一個遍布血汗和淚痕、交織著呻吟與吶喊的時代。

　　西元前 198 年，塞琉古王朝統治巴勒斯坦地區後，以色列人不僅在政治上受異族欺壓，在精神上也受到希臘文化前所未有的衝擊。統治者在耶路撒冷和巴勒斯坦各地強制推行異教習俗，公然將宙斯神像設立於猶太教聖殿祭壇，強令猶太教信徒吞食豬肉。西元前 168 年，耶路撒冷的以色列人在馬卡比家族的領導下奮起反抗，經過浴血奮戰，他們趕走了希臘統治者，重新成為一個獨立的以色列國家。但是在西元前 64 年，以色列人又被羅馬征服，巴勒斯坦成為羅馬帝國的一個行省，在羅馬人統治下，以色列人的處境更為悲慘，羅馬派駐的歷任總督都拚命搜刮錢財，公開侮辱以色列人的宗教信仰，凡是被認為有暴動嫌疑的人都被處決。西元 135 年，以色列人進行了最後一次反羅馬起義，在遭到失敗以後，耶路撒冷城被徹底摧毀，以色列人幾乎全部被逐出巴勒

斯坦，進入世界性大離散時代。

在這腥風血雨的悽慘年代裡，以色列人發展了一種獨特的文學形式 —— 啟示文學。它透過描寫各種奇異古怪的異象，在「傳達上帝啟示」的招牌下，託古人之名，曲折隱晦地表達出以色列人的痛苦呻吟、對現實的不滿和對未來的憧憬。面對羅馬人的強權統治和一次次反抗失敗的現實，啟示文學的作家們不得不將希望寄託在遙遠的「末世」，編出各種離奇的故事，幻想到那時能乾坤倒轉，天地改觀，以色列人能過上美好、寧靜的生活，從而增強他們對未來的信心。

以色列文學

以色列文學的許多成就都集中展現在《舊約》中。從文學角度分解《舊約》，可以分出神話、傳說、史詩、史傳、小說、戲劇、宗教詩、抒情詩、智慧文學、先知文學、啟示文學等不同類型。

《舊約》文學具有深厚的歷史傳統因素。在近代以來兩河流域一帶的考古發掘和測定中，有相當多的地名和歷史陳跡可與《舊約》中記敘的內容發生聯繫。人們驚奇地發現《舊約》上帝說：「你們要生養眾多，充滿大地。」具有許多與以色列民族史吻合的「歷史投影」。《舊約》以歷史真實見長，詳細地記載了一段八百多年時期的家族父主統治下的自然體制，也就是家庭體制。它用敘事、抒情、教諭、描繪等眾多形式展現了古代以色列人的歷史軌跡、宗教信仰、生活習俗、思想情感、聰明才智、勝利的喜悅、失敗的悲哀。這些血肉豐滿的生動內容是一般歷史著作所缺少的。

《舊約》完美地將文學與宗教結合在一起。世界文明發展史上以自己的文史典籍作為宗教信仰正典的民族卻僅以色列民族一家。以色列民族關於天地開創、人類誕生、萬物出現

的傳說與神話就直接與他們宗教信仰中的上帝發生聯繫。對上帝的崇拜與虔誠從此一以貫之，一直延續至今。歷史上像以色列民族那樣從遠古到現今自始至終崇信同一個上帝的民族是不多的。在這個意義上看來，《舊約》確實是一本將古代神話、傳說、史詩、小說、詩歌等文學經典與宗教正典熔為一爐的偉大著作。

《聖經》之始祖受誘感《舊約》將精神內涵和思想深度高度結合。以色列民族是一個重視宗教信仰、律法道德、智慧思考的民族。在《創世記》中所涉及的天地生成、人類誕生和萬物起源的問題都是哲學上的重大命題。但以色列民族卻是在詩性語言中、在故事的講述中娓娓道來，不用邏輯的推理，也沒有抽象的空論，卻同樣把人們吸引到了這麼一個精神境界去思考世界上這些形而上學的問題。在最古老的典籍中，以色列民族表現出一種難得的虔誠，即對至高神上帝的虔誠。「詩性倫理從虔誠開始，虔誠是由天意安排來建立各民族的，因為在一切民族中，虔誠是一切倫理的、經濟的和民政的德行之母。」由此我們不難理解《舊約》中那麼多的律法規定，從著名的「十誡」到摩西在《申命記》中關於律法的三次總結性講話。這些律法內容如此豐富，以致以色列人把《舊約》前五篇稱為「律法五卷」。以色列民族對智慧情有獨鍾，常用格言、諺語、諷喻、寓言來總結生活各個領域的經

驗、規矩、準則,訓導人們的言行,啟迪人們的智慧。從精神的深度和廣度這個意義上說,《舊約》是以文學語言書寫的以色列思想發展史和精神文明史。

以色列音樂

在《舊約》這部以色列人的寶典中同時也記載了許多關於音樂方面的內容，為我們提供了古代以色列音樂的寶貴數據。

以色列音樂具有很強的實用性和宗教性。以色列宗教場合常用音樂來伴奏，專門的樂工多由利未人擔任。即使在巴比倫囚居期間，早期會堂的宗教活動也少不了音樂，所需奏樂人員仍在利未人中培養和挑選。利未音樂人員在巴比倫還被迫加入宮廷樂隊，或演奏作樂，或奏軍樂鼓舞赴戰場的士兵。巴比倫宮廷樂隊中的以色列樂工後來便組成了返回耶路撒冷的聖殿樂隊。樂隊基本由絃樂器、鈸鈸，及人數較多的合唱隊組成。樂隊絕大多數時間為宗教崇拜、國王加冕、慶祝勝利演奏，少有數據提及民間音樂活動。

以色列數據提及的猶太樂器有十多種，主要使用的有鈸鈸、銅鈴、響鈴、瑟、琴、笛、長號。希臘化的推行更使整個西亞北非地區普遍重視音樂。各地出現了不少劇場、競技場、雜耍場，音樂也隨之興旺起來，不僅有專門的音樂演奏，還出現了為其他表演製造氣氛的音樂助興。音樂的興起

成為哲學家與學者常常討論的議題之一。音樂的審美形式及
社會功能經學術討論引起社會更多的關注。

　　第二聖殿被毀的一個直接的後果是原先在聖殿中進行的
崇拜儀式和相關音樂活動被取消。擅長音樂的利未人沒有用
武之地，只能離散而去。猶太會堂取代聖殿成了以色列人宗
教活動的主要場所。但這些較為分散、規模不大的會堂沒有
供養樂工的必要。後來，拉比猶太教乾脆不准在會堂中使用
樂器。因此，猶太音樂走向了嚴格的聲樂藝術。

　　雖然會堂音樂排斥了器樂的運用，但在實際生活中，以
色列人仍然熱愛器樂，用來伴唱和伴舞，用得最多的是鼓、
笛子和長頸的琴。在耕種、拉縴、編織等勞動中有不少勞動
歌曲。在小旅館、集市和其他熱鬧場所，不乏娛樂的歌聲和
樂器的演奏。但是嚴肅的拉比對音樂的娛樂性十分警惕，當
波斯薩珊王朝的統治者把音樂作為享樂生活的一部分時，以
色列拉比反其道而行之，有人還試圖禁止音樂。但民眾對音
樂的態度並沒有受拉比太多的影響。如婚禮中器樂演奏和應
答式的歌唱越來越受歡迎，使以色列社會的領導人也開始鼓
勵婚禮的音樂助興，以致一些拉比後來也改變了對音樂的嚴
肅態度。

《希伯來聖經》

一部《希伯來聖經》流傳了千古，至今還被人們傳頌，這不僅是由於其具有很重要的史料價值，同時也具有極高的文學價值，在世界文學、音樂、繪畫的藝術寶庫中，有許多偉大的作品都是取材於《聖經》故事。

以色列人常被人們稱為「經典的民族」或「書的民族」。這一是說以色列人喜歡讀書，具有善於學習，崇尚知識的傳統；二是說以色列人信奉猶太教，他們有《聖經》、《塔木德》等這樣一些極為重要的「書」。

《希伯來聖經》是以色列文明成果的結晶。早在西元前1000年的王國時代，以色列人中就出現了許多口傳和形成了文字的史料，包括各種神話傳說、英雄傳記、詩歌民謠、民間故事、部落和家族的歷史、宗教法規等等。從西元前6世紀到西元1世紀，這些相當於以色列民族史實錄的材料經過一代代人理性地歸納和藝術加工，最終形成了後來人們所熟知的《聖經》。由於這部猶太人的《聖經》絕大部分是用古以色列文寫成的，所以亦稱《希伯來聖經》或《猶太聖經》。

《聖經》書影，裡面包含了猶太教的聖典《舊約全書》。

《希伯來聖經》可以說是一部關於早期以色列民族的百科全書，它完整地展示了以色列人早期的發展史，生動形象地再現了以色列民族廣闊的生活畫卷，詳盡地記載了他們在各個領域的傑出成就，深刻地反映了他們的道德觀、價值觀，為後人了解古代社會提供了豐富而珍貴的歷史數據。同時《聖經》也是一部古代的文學鉅著，它包括了幾乎所有的文學形式，如神話、傳說、小說、散文、詩歌、寓言、諺語、格言等，並獨創了啟示文學和先知文學。其作品內容豐富，形式多樣，風格獨特，語言生動。

以色列文《聖經·以斯帖記》卷軸《希伯來聖經》的史學和文學價值都不可低估，其中不乏一些真實可信的歷史篇章，一些文學作品更是千古流傳的美文佳章。歷史學家們發現，《希伯來聖經》是研究古代中近東不可缺少的數據來泉源。文學家和文學愛好者們更是能從《聖經》的傳說、詩歌、箴言中汲取無盡的靈感。《聖經》早已是西方文學傳統中不可分割的組成部分。

由三個部分構成的《希伯來聖經》共有 24 卷，929 章（篇）。三部分的劃分和主要內容如下：

第一部分是律法書，也稱為「摩西五經」，包括《聖經》的前五卷，即《創世記》、《出埃及記》、《利未記》、《民數記》和《申命記》。這五卷經書被認為是猶太教中最神聖的經典，

是上帝所曉諭的律法誡條，按以色列語音譯則為《妥拉》。

巴比倫之囚時的以色列藝人悲傷地坐在巴比倫河岸該部分內容反映了以色列人從遠古時期到出埃及返回迦南之前的歷史。《創世記》是關於上帝創造世界和人類始祖以及猶太民族起源的描述。《出埃及記》敘述摩西的成長和他帶領猶太人邁出埃及、立約、頒誡的過程。《利未記》是關於摩西宣布宗教禮儀、確立祭司的敘述。《民數記》講述摩西出埃及前調查戶口、頒布律法、推進迦南、抵達約旦河的歷史。《申命記》是摩西對猶太人所作的三篇告別辭。

《希伯來聖經》的第二部分是「先知書」。這一部分包括《約書亞記》、《士師記》、《撒母耳記》、《列王記》、《以賽亞書》、《耶米利書》、《以西結書》和《十二小先知書》共八卷。先知書大約成書於西元前 1 世紀後期，內容主要是以色列人中一些重要的先知（預言家）們的言行。它們記載了以色列民族興衰的歷史，從征服迦南起，經過士師時代、王國時代、分裂時代，一直到以色列國家的滅亡和聖殿被毀。這些作品記錄了以色列國王、先知和英雄的言論和業績，所以又稱為「歷史書」。

第三部分是「聖錄」或者「聖文集」，由《詩篇》、《箴言》、《約伯記》、《雅歌》、《耶米利哀歌》、《傳道書》、《以斯帖記》等 11 卷組成。在整部《希伯來聖經》中，這一部分成

書最晚，大約在西元 90 年才最後編定。它們反映了古以色列人的智慧、倫理觀念、生活習俗。從文學的角度看，包括上古到西元初年猶太人所創作的詩歌；小說和智慧文學；啟示文學作品，是《聖經》中最光彩奪目、富有魅力的一部分，也是世界文學寶庫的重要組成部分。

《希伯來聖經》先後被翻譯成了一千多種文字，對世界文明的發展和歷史程式產生了巨大的影響，是以色列民族對全人類作出的一大貢獻。

《塔木德》

　　以色列人的《塔木德》比起《聖經》來出現的時間就晚得多，《塔木德》素有「上帝與人之橋」的美譽可見其重要性，可以說《塔木德》是以色列人貢獻給世界的又一部奇書。

　　《塔木德》是一部記錄了數百年間許多位以色列聖賢的談話、討論和辯論內容的鉅著，其內容主要是對「妥拉」的闡釋和評註，因此也有人將其稱之為「以色列法典」。《塔木德》是猶太教中僅次於《聖經》的另一部主要經典。在一些虔誠的猶太教徒看來，《塔木德》甚至比《聖經》還要重要，稱之為口傳的「妥拉」。從西元 1 世紀起，就有人開始記錄和整理歷代由以色列拉比們口頭對《妥拉》進行的研究、闡釋和討論，這項工作一直進行到西元 5 世紀才最後完成。其中最主要的彙編工作是在西元 2 世紀末由猶大‧納西拉比主持進行的。這些內容被記錄下來後，再加以整理分類，最後就形成了《塔木德》。它既是一部宗教法典，同時也包含了以色列人生活的方方面面，內容涉及宗教、哲學、醫學、歷史、文學以及傳統習俗、家庭和社會關係。它就像一部大型的百科全書，既反映了以色列人的思想和生活情況，也對後世的以色列人產

生了極其深刻的影響。

正統猶太教徒認為，儘管《塔木德》是口傳律法，但它的內容仍然是上帝的啟示。他們的解釋是，上帝在西奈山把成文「妥拉」授予摩西的同時，也傳授了大量沒有文字記載的訓誡。這些口授訓誡的內容遠遠超過了成文「妥拉」，涉及到以色列人生活的方方面面。儘管這些訓誡沒有用文字記錄下來，但它們卻都是以「妥拉」為核心的，因此從成文「妥拉」的字裡行間去搜尋這些口授律法，就是猶太拉比們的職責。所以，在後來數百年裡，經過近兩千名學者終身的努力，透過他們的研究、解釋、思考、發掘以及討論、辯論，最後才終於形成了這部神聖的《塔木德》。因此有人說，《塔木德》是2000位學者用1000年的時間才寫成的一部曠世奇書！

《塔木德》展現了以色列人的智慧，因為「妥拉」是上帝授予的，是神聖不可懷疑、也不可更改的，但《塔木德》卻是人寫的，它是人的理智與智慧的產物。它不是某種具有絕對權威的法典，而是兼收並蓄地記錄下了對「妥拉」的各種解釋，可以鼓勵和啟迪人們去判斷，去思考。不管怎麼說，《塔木德》確實是一部凝聚了以色列民族的倫理道德觀念、生活準則以及思維方式和智慧的鉅著，是世世代代以色列人的精神泉源。

先知故事

探察「先知」

在《聖經》中，「先知」是指那些獲得神召、與神溝通、傳達神意之人。

西元前 9 世紀以前，幼發拉底河至尼羅河流域之間普遍存在著透過各種方式與神溝通、傳達神意的人。他們透過占卜、釋夢、拋擲聖骰或觀察飛鳥墜落、檢查獻祭動物肝臟等形式來忖度並傳達「神意」，解答生活中出現的各種疑惑，這些問題小到找尋失物，大到戰爭的勝負，收穫的豐歉。以色列民族中也有這樣的「占卜先知」。據《撒母耳記》第 9 章 5 ～ 9 節記載，掃羅家的驢子走失後，掃羅的僕人就建議他拿著四分之一客舍勒的銀子去尋求撒母耳先知的指示。當時不僅有「占卜先知」，還存在著「迷狂先知」。據《列王記上》第 18 章 26 ～ 29 節記載，與以利亞鬥法的 450 名巴力先知狂呼亂跳，甚至不惜用刀槍把身體割刺流血，陷入迷狂以求與神溝通。

先知阿摩司在北國以色列傳道西元前 11 世紀末，隨著以色列統一王國的建立，這些占卜先知和迷狂先知中的一部分人繼續在鄉間活動，一部分則演先知們變為專管宗教儀式的

聖殿祭司；另一部分則成了國王的宮廷先知。宮廷先知的主要職責是為君王的重大決策提供神意的認可。有時一個國王擁有的這類先知竟達數百人。為保宮廷俸祿，這種先知往往只敢講順乎王意的話。但宮廷先知中也有像拿單、以利亞和米該雅那樣剛正不阿的耿直之士，他們不畏君主淫威，「不說吉語，單說凶言」。

　　《聖經》中共收錄了 16 位先知的言論。根據他們著作的長短多少又有了大小先知之分。「大先知」包括以賽亞、耶利米、以西結和但以理 4 位先知；12 位「小先知」分別是：何西阿、約珥、阿摩司、俄巴底亞、約拿、彌迦、那鴻、哈巴谷、西番雅、哈該、撒迦利亞和瑪拉基。

　　這些背負神聖使命的先知從使命的神聖中獲得了勇氣和力量，他們勇氣倍增，勇於無所畏懼地譴責邪惡，宣揚正義；不計個人的榮辱得失去聲討統治階級乃至整個民族的罪惡。他們持之以恆，歷磨難不改其志，處艱辛不改其行。同時，預言天啟的性質還蘊藏了另一層功效，一旦預言的部分內容激變為現實，先知的預言便會產生巨大的威懾力，因而先知預言中尚未實現和有待實現的預言就具有了更大的感召力和現實指導性。

先知運動

　　對於以色列民族而言，西元前 8 至西元前 5 世紀的 300 多年的歷史是風雲變幻而又動盪不安的。在這期間，北南兩國相繼滅亡於亞述帝國和新巴比倫王國，莊嚴華美的耶路撒冷聖殿被夷為廢墟，以色列人被擄至異鄉為囚。在這期間，亞述、新巴比倫相繼稱霸，又相繼滅亡，讓位於崛起於伊朗高原的波斯王國。這一切的鉅變給當時的人們帶來巨大的思想衝擊。

　　憂國憂民的先知耶利米在這個動盪不安的時代背景下，以色列正典先知登上了歷史舞臺。西元前 8 世紀至西元前 7 世紀時正值亞述王朝稱霸，那時，統一王國已分裂為南北兩國。由於民族盛世已過，社會矛盾日益激化，貧富分化進一步加劇，社會政治生活和宗教生活日趨腐敗。國王和貴族昏庸暴戾，上層階級醉生夢死，祭司只知索要祭品、狂喝濫飲，奸商、高利貸者不擇手段地聚斂財富，整個社會道德敗壞世風日下，偽善、貪婪、欺詐等不義之事舉目可見。此時整個社會內部已是危機四伏；而在民族外部，新興的亞述王朝一直對北南兩國虎視眈眈，久存覬覦之心。然而在這多難

之秋，兩國的統治階級卻沉陷於紙醉金迷的安逸生活。此時，有著清醒的社會意識和危機意識的阿摩司、何西阿、以賽亞、彌迦等人開始了他們坎坷不平、飽經磨難的先知生涯。他們是真誠的愛國者，痛苦的清醒者，看到人們逐日背離上帝之道，多行不義，國勢堪憂而人們又渾然不覺的現實，一種神聖的使命感驅使他們大聲疾呼，呼喚施行社會公正，以期喚醒民眾，進行社會改革，最終達到改變國家命運的目的。

以色列國和猶太國相繼滅亡後，先知預言的內容和重點發生了轉變。耶利米、以西結、西番雅、那鴻、哈巴谷等先知在譴責以色列人的罪孽，預言其受懲命運時，預言的安慰動機有所增強。他們為民族的存亡而擔憂，為國家的淪喪而哀哭；然而，他們又不忘撫慰民族受傷的心靈，鼓舞他們為民族復興而努力的信心。

隨著波斯稱霸時期的到來，俄巴底亞、第二以賽亞、哈該、撒迦利亞和瑪拉基等先知的預言則轉入了以描繪來世、憧憬未來為主。

西元前 5 世紀下半葉，以色列先知運動漸趨衰落。衰落的主要原因是因為此時獨尊上帝的猶太教已經形成，猶太教的經典《摩西五經》逐漸編纂成書。此後，研讀《摩西五經》成為了解神意、認識上帝的主要途徑，猶太教的經典大法最

終取代了曾長期作為以色列人精神食糧的先知教誨。

　　儘管以色列先知們只是向他們的同胞宣講公義的社會必要性，完全以神人立約作為施到公義的思想基礎，但他們那震聾發聵的呼喊卻道出人類追求公義的共同心願。先知思想對西方的知識分子產生了極大的影響，它「為西方知識分子提供了精神上的超越性，即對現實的不完滿世界產生一種不懈的改善慾望及永恆的批判與終極的關懷」。

以色列著名先知

✦ 以西結的預言

以西結以前是耶路撒冷的祭司，他在迦勒底人第一次進攻猶大城時被擄往迦巴魯河谷。在那裡，耶和華的手降在他身上，他感了靈，便開始為被俘的以色列人作預言，以西結在被俘的第五年四月初五接受了上帝的默示。

他看見狂風從北方吹來，一朵含著火的大雲吹過來，周圍發出光輝，其中有如同精金的火，又從其中現出奇怪的四個活物，那活物有人的形象，它各有四張臉、四個翅膀，正面是人的臉，右面是獅子的臉，左面則是牛的臉，背面又是鷹的臉。那些活物在火光和閃電中奔走；每個活物的旁邊又是一個輪，四個輪中各顯得如輪中套輪，輪輞周圍是無數的眼睛，那些活物的靈都在輪中。

在它們的頭上是全能者上帝的寶座形象，彷彿藍寶石一般燦爛，寶座上彷彿有人形，腰以下則是火的形狀，周圍是一片光輝，那光輝有著彩虹的色彩，這便是耶和華的榮耀形象。上帝對以西結說：「人子，站起來！我要和你說話。」於是靈便進入了他的身軀。上帝差遣他往悖逆的國民以色列人

那裡去，告訴他們，以色列人和他們的祖宗違背了耶和華，直到現在他們還面無羞恥、執迷不悟。

上帝又告訴以西結，作為先知他處在荊棘和蒺藜中，處在蠍子之中，但他要以西結不用怕他們。他賜給以西結一卷書，讓他吃下去，好向以色列人傳達其中的哀號、嘆息以及悲痛。上帝對以西結說：「人子啊！你要拿一塊磚，擺在你面前，將耶路撒冷城畫在上面。又圍困這城，造臺築壘，安營攻擊，四周安置撞城槌攻城。又要以鐵鍋放在你和城的中間，你要對面攻擊這座城，使城被困，這樣好作以色列國家的預兆。

「你要取小麥、大麥、豆子等裝在一個器皿中，用做自己的餅……你要用人糞在眾人眼前燒烤。以色列人在我驅趕他們往各國中間去時，也必這樣吃不潔淨的食物。」以西結向上帝說，自己從小未受過玷汙，求神不要這樣吩咐他。上帝才說許他以牛糞代替人糞烤餅。上帝表示他必在耶路撒冷折斷以色列人的杖，斷絕他們的糧，使他們吃餅要按分量憂慮而吃，喝水也要按限量驚惶而喝，他們將因自己的罪孽而消滅。

接下去，如同所有先知書中所說的：上帝讓以西結警告以色列人，因為他們背棄了耶和華，崇拜偶像和邪神，不行公義，多行淫亂，所以必然遭受刀劍、瘟疫、饑荒和亡國的

懲罰，雖然那殘遺的子民可以蒙恩免災。

第二年的六月初五，以西結在家中，當著猶大諸長老的面，又得上帝的靈降在身上，那彷彿火的形象伸出一隻手的樣式，抓住他的一絡頭髮，將他舉到天地中間。在這異像當中，他到了耶路撒冷。

他目睹了邪惡的偶像和聖殿中四壁的汙穢圖畫。就在耶和華殿的內院以西結目睹有人作太陽崇拜。鑒於猶太長老和民眾暗中所行背主的事，以西結在異象中被告知，神要命那監管耶路撒冷城的人，手拿滅命的兵器前來懲罰耶路撒冷。

接下去又是以西結見上帝的異象，以及借神之口對色列人道德淪喪、崇拜偶像的責備，預言因假先知謊言和背約縱淫會遭到的報應。那就是耶路撒冷必然陷落，以色列人將如同無家可歸的羊。

在歷數埃及的淪亡和非利士人等猶大鄰國的失敗之後，上帝立以西結為守望者，使他隨時警策以色列人；上帝自己也表示「我必親自尋找我的羊，將他們尋見……這些羊在密雲黑暗的日子失散到各處，我必從那裡救他們回來，我必從萬民中領出他們，從各國內聚集他們，引導他們歸回故土」。上帝許諾了要懲罰一切仇害以色列的人，因為以色列人必然重新蒙神的福佑。

反映先知以西結企盼巴比倫囚虜重返故鄉，再建聖殿故事的壁畫。發現於敘利亞古城都位歐羅巴。以色列被掠後第十二年的十月初五，有人從耶路撒冷逃到迦巴魯河谷，告訴耶路撒冷終於被攻破，猶大已經亡國。但就在這之後，以西結感靈看見平原上的枯骨復生，以色列民族絕望之餘仍得復興；上帝又以兩根木杖在手中合而為一的異象，告訴以西結，猶大與以色列最終會合為一個國家。

在以西結被巴比倫人俘虜的第二十五年，也即耶路撒冷城破之後的第十四年的正月十五，上帝的靈將以西結帶到以色列故地的至高之山。他看見了為重建聖城而有人在度量城基、規劃城牆至耶和華殿的內院的異象，這暗示了猶大人國家的典章制度必然在上帝的眷顧之下恢復起來，昔日大衛王的強大即將再次成為以色列的現實。

✦ 公義的先知 —— 阿摩斯

阿摩斯（約西元前 8 世紀）是一位來自猶地亞山區一個小村莊的牧羊人，他生活在一個自民族分裂以來相對比較繁榮先知阿摩司在北國以色列傳道的時期。隨著經濟的發展，新的社會問題也隨之產生了。使用奴隸耕種的地主吞併了小農們的地產，將大批一無所有的人推入了城市。

財富的不平均導致了社會不公。阿摩斯以激烈的態度對

這些醜惡的現象進行了無情的抨擊：貧富懸殊，巧取豪奪，趁危漁利，綱紀敗壞，宮廷陰謀，等等。在一個節日慶典上，他以耶和華代言人的口氣對聚集的人群進行了毫不留情的譴責，譴責他們的虛偽、貪婪和對貧窮者的掠奪：

> 「你們雖向我獻燔祭和素祭，
>
> 我卻不悅納，
>
> 也不喜你們用肥畜獻的平安祭；
>
> 要使你們的歌聲遠離我，
>
> 因為我不聽你們彈琴的響聲。
>
> 唯願公平如大海滾滾。
>
> 使公正如江河滔滔。」

✦ 愛的先知 —— 何西阿

何西阿生活在比阿摩斯大約晚了一代人的北方王國，他是一個拙於言辭、不善於表達自己內心深處激情的鄉下人。此時，北方王國短暫的繁榮已經結束，進入了它的衰落時期。何西阿與阿摩斯一樣，也非常強調道德的重要性，但他又認為上帝是寬容仁慈的，他對以色列人的愛緩和了他對他們的裁決。何西阿把上帝與被稱為「米諾拉」的燭臺圖案，其歷史可追溯到西元前 1000 多年。以色列人的關係比作丈夫

和妻子的關係。他宣稱,不忠的妻子必須為她的行為受到懲罰,但是這種懲罰並不意味著丈夫對她的愛就已結束。這種愛的作用是懲戒和淨化。他借上帝之口說:「我心聘你永遠歸我為妻,以仁義、公平、慈愛、憐憫聘你歸我;也以誠實聘你歸我,你就必認識我 —— 耶和華。」

阿摩斯曾預言,由於以色列人的罪孽,其民族的覆亡是不可避免的。何西阿也看到了這一點,但是,他又期待著最後的拯救,希望透過經受苦難使人們懂得,只有忠於上帝才能帶來安全與和平。他宣揚的是上帝始終不渝的愛。

◆ 聖潔的先知 —— 以賽亞

以賽亞出身王族,與其他先知一樣,他認為自己對這兩個以色列人的國家都負有使命,因此他對這兩個國家的弊端進行了極其嚴厲的抨擊。以賽亞的思想中充滿了對上帝的神聖性和聖潔性的認識,上帝是至高無上和完美無瑕的。他的預言詩歌充滿了感染力,達到了古代以色列文學的最高水準。以賽亞對永恆和平嚮往的詩句,已成為後世人們經常引用的經典名言:

「他們要將刀打成犁頭,」
把槍打成鐮刀。

這國不舉刀攻擊那國，

他們也不再學習戰事。

雅各家啊，來吧！

我們在耶和華的光明中行走。」

以賽亞已經預見到了以色列和猶大兩王國都將被消滅，這是對它們所犯下的罪孽的懲罰。但它們的毀滅將不是最後的結局，「剩下的將返回，滿溢著公義」。經歷過大災難的倖存者們將得到淨化和覺悟，剩下的少數人將順從萬能的上帝，以色列人將透過這些倖存者而獲得新生。

◆ 吶喊的先知 —— 彌迦

彌迦出身微寒，他更能反映下層民眾的心。他強烈地譴責社會中的不公正，無情地揭露貪官富豪的罪惡。他宣稱，他們犯下的種種惡行，特別是對窮人的長期盤剝，已使社會中充滿了罪惡，大災難即將降臨。彌迦強調，僅靠那些空洞的獻祭和儀式是不可能得到贖救的，真正的贖救要靠信仰和行動。他說：

世人哪，耶和華已指示你何為善。

他向你所要求的是什麼呢？

只要你公義，

好憐憫，

存謙卑的心，

與上帝同行。

✦ 光明的先知 —— 耶利米

耶利米是一位親眼目睹了猶大王國滅亡的先知。他早已預感到了民族即將到來的覆亡，為日益臨近的災難深感悲哀，但他又不願意袖手旁觀，因此痛哭流涕，奔走呼號。他面見國王西底家，發出不祥的警告：

聖殿必如示羅，耶路撒冷將變為墳場。

但他的預言不但沒有引起重視，反而不斷遭到迫害，後來被關進了地牢，幾乎招來殺身之禍。但他仍堅持己見，為民族的悲劇痛心疾首：

主呵，你知道我，你看見我，你使我的心朝向你。

他聽到了上帝的回答：「我與你同在，我將拯救你。」

光明的先知耶利來在猶大王國最後的歲月裡，當人們意識到他們確實已處在絕望之中，並開始認識到耶利米預言的正確性時，他卻已著眼於更遙遠的未來。巴比倫人沒有把耶利米這位老人抓走，他依然關心著以色列民族的命運，他帶信給那些在巴比倫的流放者，勸他們要有耐心，要精神愉

快。他還勸造他們去種植葡萄，建造房子，要在異鄉的土地
上生活下去。在絕望的時候，他不停地向人們宣講以色列仍
有輝煌的未來，這種輝煌的未來包括重建以色列人的國家。
正是由於他的影響，那些被流放的以色列人才在黑暗的時刻
保持了對耶和華的信仰和對未來的信心，並最終等到了光明
的來臨。

先知故事

科技與生活

醫學成就

　　在以色列人的心目中，一個人如果患病便會被認為是對上帝不虔誠，違反了上帝的旨意所遭到的懲罰，而把「醫治古老的猶太陶碗者」看成是上帝委派來拯救自己的人。因此，在古代以色列語中沒有「醫生」這個稱呼，在社會上也沒有醫生這個職業，因為幫人治病救急的是「上帝」派來的祭司。他們把醫治病人與賦予病人一種精神力量結合起來。祭司不僅要負起維護信仰、執行律法的責任，而且也對公眾的健康負有責任。

　　因為醫治病人既符合上帝的旨意也符合以色列人的道德，醫治者被視為上帝的僕人，享有很高的社會地位，從事醫療活動不受任何阻礙。這種把宗教與醫術結合起來的傳統，大大推動了以色列醫學的發展。

　　以色列人在醫學上有相當豐富的知識，他們已能識別不少疾病，僅在《聖經》中列舉的疾病名稱就有：痔瘡、牛皮癬，疥、瘧疾、麻瘋病等。在《利未記》第 13 章中記述了大祭司亞倫如何區分癬與麻風、瘡與麻風，如何把可疑的麻風患者加以隔離觀察、清潔他們的衣物等故事。

對某些眼病，如眼瞼炎、結膜炎等，雖然沒有確切的名稱，但以色列人已經有所了解。如在《創世記》中，記述以撒晚年的時候，」年紀老邁，眼睛昏花，什麼也看不見」，他的次子雅各正是利用這一點，騙得了他父親的祝福，獲得了繼承權。根據以撒眼病的症狀看，可能是患了老年性的白內障。

修在死海邊上的古代公共浴地遺址據統計，《舊約聖經》和其他律法中涉及公共衛生的規定共有 613 條，開了古代公共衛生事業的先河，其中與醫藥有關的就多達 213 條。沒有一個古代民族在他們的宗教信仰與規範中如此重視醫藥，換句話說，古代沒有一個民族的醫學知識滲透著如此強烈的宗教精神。以色列人很早就認識到病人的衣物與用過的器皿會傳染給他人這個事實，因而在家庭和社群中定下了一系列衛生規則，如預防性隔離，即時隔離。檢疫、燙洗或燒掉病人的衣物和器具、徹底擦洗和煙燻受傳染病汙染的住房、病人護理與病癒之人自己洗刷潔身等等。以色列男子自幼行割禮的習俗，雖然被視為「上帝選民」的特殊象徵，但也大大減少了性病的流行，在生理健康上同樣具有特殊意義。

睡前潔身對疾病的治療包括清洗法、光照、服用藥物，以及用油脂、香膏和繃帶治療皮膚創傷和骨頭斷裂等。現代醫學上常見的人工呼吸法搶救危急病人在《聖經》中也屢見記載。

　　在《聖經·民數記》和《聖經·利未記》中還有多處記載了在戰場上如何注意疾病的傳播。規定：在打仗結束後，戰士必須清洗他們的衣服、武器和器皿，以防止在肉搏中將敵方的病菌帶回自己的部落；對抓獲的俘虜和繳獲的戰利品更要潔淨，凡能經火的戰利品都得經火消毒，不能經火的便用水清洗；對接觸過人的屍體和動物屍體的人，必須對自己以及身上的東西進行徹底的清洗，否則他就不能進入本部落的大帳。值得一提的是，早在埃及避難期間，以色列人就從埃及人那裡學會了用防腐藥品儲存屍體的辦法。以色列醫學最重要的代表人物是邁蒙尼德。他既是著名的哲學家、神學家與思想家，同時也是一個極富盛名的醫生。他最有影響和流傳最廣的醫學著作是《醫學要旨》、《摩西格言》與《養身衛生》。他的醫學觀貫穿著「健康的身體是健康心靈的先決條件」、「醫學是修補身體上缺陷與精神上異常的藝術」、「道德的生活是健康不可或缺的要旨」等醫學原則。他在醫學上的貢獻與救死扶傷的崇高醫德使他的聲譽至今不衰，被作為「醫受」受到崇拜。

以色列人的烹飪術

民以食為天，以色列人也不例外。《聖經》中最早提到食物的地方是亞當、夏娃偷吃禁果，此後他們被正在宰牛的猶大屠夫，右邊之人為檢查官，負責檢查屠宰過程是否符合猶大教規。趕出伊甸園，開始在塵世間耕種蔬菜和糧食。到挪亞造方舟時，上帝對他說：「你要積存大量的食物，來維持大家的生命。」但是，沒有說出食物的名稱以及它們的具體做法。

猶大麵包師到了《聖經·創世記》第 25 章時，開始越來越詳細地介紹古代以色列人的食品及其加工。以撒的兩個兒子以掃和雅各有著不同的烹飪方法：長子以掃喜歡打獵，便常常將捕獲的獵物做成「美味」送給他父親吃，因此深得他父親的喜愛；次子雅各擅長農產品的加工，先用一碗香味撲鼻的紅豆湯從以掃那裡交換到了長子權，繼而用肥嫩的山羊羔肉和餅獲取了他父親的「祝福」。在《聖經·利未記》第 6 章中提到了聖餅的做法：先用細麵粉加上水和油，調勻後捏成餅塊，放在一種扁平的鐵製烙器上用火烤。這可能是以色列人供奉上帝的常見食品 —— 無酵餅的最早記載。

　　古代以色列人平日裡的主食卻是麵包。烘麵包最簡單的方法是將揉好、發酵過的麵糰放在炭火上烤，或先將碗、盆放在火上烤熱，再將準備好的麵糰放在碗或盆中繼續烤。當時，以色列人已發明了一種特別的烤麵包的淺盆，上面打了許多小孔，使麵包不至於黏在上面。製作餅的原料除了麥子外，還有葡萄、無花果等。除了用火烤製麵包和肉類食品外，以色列人很早就掌握了煨、燜、燉的燒法和食物之間的搭配。

　　西元 2 世紀猶太人的日用器皿，包括鍋、刀、鏟罐、銅鏡等。古以色列人用來燒煮食物的用具主要是陶器。以色列人用的陶製炊具十分簡單，四周沒有什麼裝飾，底部以圓平的居多。隨著生產力的發展，古代以色列人爐竈的式樣和效能也在不斷地改進和提高。從這些燒煮食物的方法和炊具的改進上，不難看出以色列人在食品加工方面同樣表現出較高的智慧。

　　西元前 6 ～前 4 世紀的泥塑：揉麵的以色列婦女。

釀酒與皮革加工

　　酒在以色列人生活中占有重要的地位。在《舊約聖經》中有許多處對酒的描述。酒既作為宴請慶祝佳品，同時還被用作奉獻給耶和華的祭品。

　　由於酒是日常生活和宗教信仰中一種離不開的物品，所以以色列人很早就掌握了釀酒的技術。他們主要是用葡萄經發酵在以色列發掘出的西元前 2 世紀的陶罐和玻璃瓶後釀酒，或用大麥製成啤酒，這是古代巴勒斯坦和地中海一帶流行的釀酒方法。釀成的酒分清酒和濃酒兩種，但由於飲酒過量會被視為對耶和華的不虔誠，所以，以清酒居多。

　　飲酒的酒具品種較多，有金盃、金爵、陶杯、玉杯等，但裝酒的器皿常用的是牛皮或羊皮做的皮袋。約在西元 1 世紀以後又出現了玻璃酒杯。

　　皮革加工是以色列人手工技藝的又一重要領域。自從亞當、夏娃偷吃禁果而知道羞恥後，獸皮便成為他們遮羞的首選原料。當他們被趕出伊甸園時，上帝用獸皮為他們一人做了一身衣服。這是《聖經》中首次提到用獸皮做衣。撇開其歷史真實性不說，這實際上反映了世界許多民族最初都把獸皮

作為衣料的一大來源。

約在西元前 13 世紀，以色列人出埃及時就已經掌握了硝制皮革的技術。這是皮革加工的重要環節。皮革加工的原料有牛皮、羊皮，也有海豹、海豚、海狗等動物的皮。加工的產品形式多樣，除了衣服外，還有鞋子、皮袋、腰帶和盾牌等。

美容與裝飾術

　　以色列人從宗教信仰出發，發展了一些獨特的人體保養和裝飾技藝。

✦ 西元 2 世紀以色列沿海平原的榨油場

　　從各種歷史文獻材料看，以色列人喜歡用各種油脂、油膏作為身體保養劑和化妝品。婦女常常用化妝的油膏塗在身體裸露在外的部分，有時也用來美化頭髮，臉部和嘴唇。連以色列男子也喜歡把油脂抹在身上、頭髮與鬍子上。西亞地區氣候炎熱、乾燥，用油脂、油膏塗抹在臉上、身上，可以有效地造成滋潤、保護皮膚的作用，達到追求美的目的。

　　這些油脂、油膏的主要成分是各種動物油、魚油、橄欖油、杏仁油、葫蘆油、芝麻油和其他樹與植物的油，它們與芳香劑混合調製成化妝品。由於動物油和魚油容易提到，所以使用得更廣泛，但是動物的油脂有腥味且容易凝固，這就需要專門的工匠進行調製，通常是加入一些葡萄酒或酒精、蜂蠟、芳香劑等，用來除味、除水和稀釋。芳香劑一般是從植物的葉、根、果中提取。

在伯善地區發現的金垂飾（西元前 1550 ～前 1200）除了用油脂、油膏進行保養和裝飾外，以色列人還擅長使用香水進行美容。製作香水的原料包括桂皮、茉莉、玫瑰、薄荷和香脂等。製作的方法有榨壓取汁、加熱蒸餾取汁等，然後兌水製成。有的香水是用玫瑰油、松香油等加上酒或水做成。

盛放油脂、香水的容器一般都做得小巧精緻，這與當時的化妝品相當昂貴和使用者主要是社會上層人士密切相關。容器大多用斑岩、骨、象牙、白玉和玻璃做成，也有的用燒製的小陶土瓶裝香水，橄欖油裝在大一些的口瓶和頸瓶裡。考古發掘還發現了用來調和或取用化妝品的抹刀，它們用金屬、木頭、骨頭或象牙做成，形狀優雅，而且呈現出各種風格。

打製金銀首飾的猶太工匠在眼瞼，嘴唇和臉頰上著色，在指甲上抹油，當時也在一些婦女中流行，以至在《聖經》中多處出現「粉飾眼目」的說法。當時化妝的顏料一般取自大自然，如石榴和藏花產生一種動人的黃色，茜草根和紅花產生火紅的顏色，菘藍產生天藍色。但化妝的顏色過分鮮豔被認為是舉止輕浮的淫蕩女子，以色列教祭司總是經常提醒大家，化妝不能助長輕浮。因此，以色列人的身體裝飾以保養實用為目的，不追求過分的化妝。

撒馬利亞出土的象牙袋飾，距今約 3000 年，呈人面獸身形，有兩個翅膀。

車船的使用與製造

　　車船在以色列人四處遷徙與征戰中發揮了重要作用，成為以色列人主要的交通工具。

　　手持弓箭，坐在馬車上的馬兵車包括馬車、牛車。在以色列人遷居埃及前，他們代步的工具是駱駝、驢子和馬，可能還不會使用和製造車輛。400 年後，當摩西帶著以色列人回到迦南，馬車、牛車便成了他們重要的交通運輸工具和作戰工具。

　　從出土的車輛遺物看，當時用的雙輪車，車輪軸固定在車輛的後部，每隻輪子有 6 根輪輻，通常由兩頭牛或兩匹馬牽引。

　　車輛最大的用途還是戰爭，它可以增強戰鬥力和提高行軍速度。在以色列人征服迦南時，他們的最大敵人是非利士人。

　　紅海邊的亞喀巴灣，當年所羅門的造船之處在一次戰鬥中，非利士人集結了 3 萬輛車，6000 名馬兵，而大衛統帥的猶太軍隊沒用戰車，主要靠步兵，結果打了大敗仗。到所羅門統治時，他十分重視戰車的製造，在建造聖殿的同時，又

下令建造了屯車與兵馬的城。兵來安置在屯車的城邑和耶路撒冷的戰車有 1400 輛，馬兵 12000 名。在軍隊專科門設有「車兵長」一職，國家有專門的工匠為他建造戰車，並從埃及等周邊國家購買戰車。結果，所羅門的軍隊一時稱雄於西亞地區，使以色列王國達到極盛。

以色列人雖然不是一個以航海著稱的民族，但三千多年前在腓尼基人的幫助下，也學會了造船，而且在很短的時間內就取得了相當大的進步。

由於車、船的製造涉及木工、漆工、金工和裝飾等多門技藝。所以這也從側面反映了此時以色列文明已發展到一個很高的層次。

民俗故事

猶太新年

猶太新年在以色列語中稱為「Rosh Hashanah」，一般是在西曆的 9 月。儘管這個節日主要是慶祝上帝創造世界，但許多猶太新年儀式 —— 吹羊角號。猶太教徒也認為這一天是上帝檢視「生命簿」的日子。在生命簿中記載著每個人的行為，有惡行的人將會受到審判和懲罰。因此，新年更重要的是一個懺悔和贖罪的日子，人們要回顧自己在過去一年的言行，反省可能犯下的罪孽。慶祝新年的方式一般是到會堂參加新年宗教儀式，人們要做祈禱，吹響羊角號，表示對上帝的敬畏。虔誠的教徒還要舉行贖罪儀式，他們要到水邊去祈禱，然後三次向水中搖動自己的衣服，表示按《聖經》上所說的「將我們的一切罪投於深海」。猶太新年既是一個莊嚴和令人敬畏的日子，也是一個喜慶的時刻。全家人在這一天團聚，一起吃新年晚宴，人們還互送賀年禮物。

但是在《聖經》中，卻又規定尼撒月為一年中的第一個月，以紀念猶太先祖在這個月從埃及成功出逃。因此，猶太人便有了兩個新年。

贖罪日

　　贖罪日叫「Yom Kippur」，在猶太新年後的第十天。這是以色列人一年中最神聖、最莊嚴的節日，是猶太人與神主耶和贖罪日在上帝面前懺悔的以色列人華交流的日子。它的來源是根據《聖經·利未記》的記載，以色列人在上帝面前犯有罪，上帝曉諭摩西，要舉行儀式，贖以色列人的罪，「在這日要為你們贖罪，使你們潔淨」。

　　贖罪日這一天，會堂整天都舉行宗教儀式，宰殺「替罪羊」。虔誠的教徒們這一天都要禁食，不准工作，要穿上特別的服裝，整天在會堂裡祈禱，參加儀式，表達對上帝的敬畏和贖罪的願望。儀式結束時，要吹響羊角號，表示上帝已赦免了猶太人的罪過。贖罪日是極富猶太特色的節日，它存在雙重的意義：一是告誡人們，每個人都是有罪的，並要為此而懺悔；二是透過懺悔活動，表現自己已用實際行動改正自己的錯誤，並在以後不再犯同樣的過錯。

住棚節

　　住棚節又稱結廬節（Succot），開始於贖罪日後的第五天，共持續七天。這個節日原是一種古老的習俗，主要是為猶太麵包師了慶祝農業的豐收，後來才加上了紀念猶太人在上帝引導下逃出埃及，在曠野中生活了 40 年的傳說內容。據《聖經》記載，以色列人逃離埃及後來到西奈沙漠裡，人們只能住在臨時搭起的棚舍裡。人們沒有東西吃，沒有水喝，於是不少人抱怨摩西把他們帶到這裡來受苦。摩西安慰眾人，說上帝肯定會來救助的。果然，次日棚舍外面的地上鋪滿了一種叫做「嗎哪」的白色小果子，味道十分甘美，既可充飢又能解渴。後來，猶太人為了紀念這段艱苦歲月，便設立了住棚節。

　　住棚節期間，猶太家庭都要在房前屋後，甚至在陽臺上，用松枝、葡萄和無花果枝條等搭一個臨時的簡易棚舍。住棚節期間，全家人就在這個棚子裡吃飯、休息、娛樂。節日的最後一天，猶太會堂裡一般要舉行慶祝儀式。許多人還要在這一天聚集到耶路撒冷的猶太聖址哭牆下，誦經祈禱，緬懷歷史。

　　但住棚節同時也帶有慶祝收割完畢的歡樂色彩，所以又稱「收藏節」。

踰越節與除酵節

踰越節（Passover）可謂是猶太民族最古老的節日。它是紀念猶太人在「耶和華的佑助」下從埃及出走成功，為感謝上帝的拯救而設立的節日。

在每年初春第一個月 14 日黃昏起，猶太人開始過踰越節。人們將一隻未受過傷的公羊羔殺掉，把羊血塗在房屋的門框和門楣上，將羊羔肉用火烤熟，與無酵餅和苦菜一起吃，並要在腰間束帶，腳上穿鞋，手中拿杖。

《出埃及記》上記載，猶太人離開埃及時，由於行走匆忙他們把來不及燒烤和未發酵的麵糰背在背上，靠太陽把它們烤熟。而踰越節所紀念的遷出埃及是猶太人擺脫奴役、獲得新生的標誌，所以從 14 日晚直到 21 日晚，猶太人只能吃新收大麥做的無酵餅，表示對上帝的純潔之心，也表示食物中沒有任何上年的糧食。同時要吃苦菜，象徵著以色列人曾在埃及受苦。後來猶太人將 10 ～ 14 日稱為踰越節，而把 15 ～ 21 日的節期稱為除酵節，一直沿續至今。

淨殿節

淨殿節又稱「哈努卡節」（Hanukkah），「哈努卡」在猶太文中是指重建。它是猶太人又一個重要的節日。

西元前 167 年，希臘駐敘利亞統治者安條克四世公然蔑視以色列人不拜偶像的傳統，在聖殿中築新的祭壇，強令猶太人向異教神祇獻祭。此舉後成了馬卡比起義的導火線。5 年後，猶大·馬卡比領導的起義獲得勝利，占領了耶路撒冷。他下令拆除異教祭壇和神衹氏，清除聖殿中一切非以色列傳統之物，重設猶太祭壇。從該年 9 月即基斯流月 25 日起，猶太人懷著極大的喜悅，慶祝耶和華聖壇的重新供奉，歷時 8 天。隨後，猶大和他的兄弟們宣告，把從每年該月 25 日起的連續 8 天作為慶祝聖壇重新供奉的幸福快樂的節期，此即猶太人的淨殿節。

一個在埃及的猶太人將羊血塗在門楣上，以便讓上幸「踰越」而過。

哈努卡燈，西元 12 ～ 13 世紀埃及或權利亞猶太人在「哈努卡節」上使用，用青銅製成。後來，為紀念馬卡比起義軍光復耶路撒冷及聖殿的整修，恢復對耶和華的奉獻，猶太民

族始終保持慶祝淨殿節這個傳統。在 8 天的節日期間，人們手拿棕櫚樹枝葉，在聖殿或會堂中高唱讚美詩「哈利路亞」。另外，從第一天起，各戶在門前點燈，以後每日增加一盞燈，到第 8 天，到處是燈，熱鬧非凡。所以，淨殿節也被稱為「燈節」。

五旬節

在以色列人脫離了埃及奴役的生活後，又重新獲得了自己的土地，以色列人又能自己耕種並生產農作物了。以色列人為了紀念上主如何幫助他們脫離埃及的奴役生活而重新獲得自由在踰越節後五十天的收割期，以色列人會在最後一天，也就是在第五十天，把最好的收成奉獻給天主，併為豐收大大地慶祝一番，感謝上主的恩賜。另外，以色列人也相信天主是在踰越節後的第五十天，把十誡與法律藉著摩西頒發給了他們。因此，對以色列人來說，踰越節後的第五十天是一個重大的日子。到了耶穌時代，這一天已被稱為五旬節。「旬」的意思是十，而五旬就是五十。

五旬節這天，人們從家中取出細麵做成無酵餅作為禮物獻給耶和華；還要將一歲無殘的羊羔七隻、公牛犢一頭、公綿羊兩隻同時獻上，作為奠祭與火祭獻給上帝；將一頭公山羊為贖罪祭、兩隻一歲公綿羊作為平安祭獻上。除此之外，人們還要誦讀《聖經・出埃及記》中摩西在西奈山上朝見上帝和傳達上帝的十條誡命和各種教規法典的章節。同時，這一天也是猶太會堂為年滿 13 歲的男孩舉行成人禮的日子，表明他們和父輩一樣也和上帝立約，決心承擔各種宗教義務。

安息日

安息日（Shabbah）是猶太人每週一天的聖日，它是猶太日曆中最重要的特殊日子。

點燃安息日蠟燭。傳統上，它是在星期五日落前或舉行盛宴首由家庭主婦點燃，蠟燭的根數至少要有兩根。

13 或 14 世紀波斯工匠製作的安息日專用燈安息日原文在以色列語中意為「停止工作，休息」。對於猶太人來說，安息日是一週工作的結束。根據《舊約聖經》，上帝創造天地、人與萬物，在第 7 日停止工作，所以猶太人與上帝立約，在安息日不工作是表明自己不忘上帝之約。

以色列人家中度安息日用的蠟燭臺另外，在安息日的意義中也包含上帝從埃及拯救以色列人的內容。摩西在約旦河東向猶太眾民複述十誡時講到：「你也要紀念你在埃及做過奴僕，耶和華，你的上帝，用大能的手和伸出的臂膀，將你從□裡領出來，因此耶和華，你的上帝，吩咐你守安息日。」

而到「巴比倫之囚」以後，聖殿被毀，猶太人流亡異鄉，其他民族節日不復存在，堅守安息日意味著堅持猶太人的傳統與身分。在這裡，安息日成為猶太人與上帝「立約」的獨特記號。

　　猶太人在安息日要到聖殿進行特別的獻祭。在這一天，以色列人不許經商或旅行，不許挑擔或把負載的牲畜帶到耶路撒冷，什麼東西都不能拿出家，什麼活都不能幹。猶太人是世界上最早把安息日看作是愉快和吉祥的日子，是人們從繁雜的日常工作中脫身休息的日子，這也是猶太人對全世界人民的一大特殊貢獻。

猶太曆

　　作為一個古老的民族，以色列人在文明發展中創造了自己的曆法。猶太曆是以色列人在「巴比倫之囚」時期吸收古巴比倫曆法，結合自己民族歷史傳統改造而成的。

　　13 世紀猶太人繪製的年曆猶太曆是一種太陰曆，以月亮的活動週期來制定，每個月分隨著新月出現的時間而開始。一年 12 個月，大月為 30 天，有 7 個；小月為 29 天，有 5 個。為與太陽曆（西曆）保持一致，猶太曆採取定期插入附加月即閏月的辦法，來調節一年天數的多寡。有閏月的那一年為閏年，每 19 年有 7 個閏年，閏年有 13 個月。

　　由於猶太曆是以古巴比倫曆法為模範制定的，因此每個月分的名稱都採用了巴比倫的月分名稱。猶太曆包括寺曆和民曆兩種。根據《舊約聖經》記載，耶和華曉諭摩西，在尼散率領以色列人出埃及，是為以色列人擺脫奴役、獲得新生的象徵。因此在西元前 516 年第二聖殿建造以前，以色列人把尼散月作為一年的第一月，這種具有深刻宗教意義的曆法為寺曆。而民曆則是在第二聖殿建造以後民間通用的猶太曆法，它以收穫季節提斯利月為一年之首。

　　在猶太人歷中，每隔 7 年有一個安息年。在這一年裡，
人們不得收割田地裡自然生長出來的東西，而要讓窮人去享
用。每隔 49 年有一次禧年。這一年國家要實行大赦，人們之
間要相互免除債務，賣出去的土地要物歸原主，要釋放奴隸
為自由人。猶太人的這兩個特殊的年分，實際上是定期調整
人們之間的相互關係，以便使社會更加安定和諧。

　　猶太曆月分名稱相當西曆天數主要節日正月尼散月 3 ～
4 月 3014 日踰越節

　　15 ～ 21 日除酵節二月以珥月 4 ～ 5 月 29 日，三月西彎
月 5 ～ 6 月 30 日 6 日五旬節，四月塔模斯月 6 ～ 7 月 29 日，
五月阿布月 7 ～ 8 月 30 日 9 日聖殿哀悼日，六月以祿月 8 ～
9 月 29 日，七月提斯利月 9 ～ 10 月 30 日 1 日吹角節：

　　10 日贖罪日：

　　15 ～ 21 日住棚節，八月馬西班月 10 ～ 11 月 29 或 30
日，九月基斯流月 11 ～ 12 月 29 或 30 日 25 日淨殿節，十月
提別月 12 ～ 1 月 29 日，十一月細罷特月 1 ～ 2 月，十二月
亞達月 2 ～ 3 月 29 或 30 日 14 ～ 15 日普珥節，正因為有了
統一的曆法，散居在世界各地的猶太人才可能在同一時間慶
祝節日，從而知曉他們豐富的民族傳統，永遠認同自己是猶
太人。

離家日

在以色列的猶太人中至今流傳著這樣一種風俗：婦女們每年必須離開家四天。據說這是為了紀念他們的民族英雄耶弗他的女兒而延續下來的。

基列人耶弗他是個勇敢的壯士。他母親是個妓女，父親基列跟別的妻子還生了其他兒子，這些兒子長大後把耶弗他趕出家門，對他說：「你不能繼承我們父親的家產，因為你是妓女生的。」耶弗他就逃離他的兄弟們，住在陀伯。他在那裡招引了一批無賴漢，在他們中稱王。

過了一些日子，亞捫人跟以色列作戰。戰爭發生後，基列的長老們到陀伯邀請耶弗他回來，對他說：「請你作我們的統帥，領我們跟亞捫人打仗。」

耶弗他說：「從前你們不是恨我，逼我離開我父親的家嗎？現在你們遭了難，又想起我來了？」

基列的長老們說：「現在我們都轉向你，要你領我們跟亞捫人作戰，作所有基列居民的領袖。」

耶弗他說：「我回去跟亞捫人作戰，如果耶和華使我打勝仗，我就作你們的領袖。」他們說：「我們同意，我們一定

服從你的命令。耶和華可為我們作證。」於是耶弗他跟基列的長老們回去，被民眾立為領袖和統帥。耶弗他在米斯巴向耶和華陳明自己的心願。

然後，耶弗他派使者找到亞捫王，問他：「你跟我們爭搶什麼？你為什麼侵犯我們的土地？」

亞捫王回答說：「以色列人離開埃及後占領了我的土地，從亞嫩河到雅博河，直到約旦河。現在，你們要老老實實地把這塊地交還給我。」

耶弗他又派使者去見亞捫王，說：「以色列人並沒有侵占摩押人或亞捫人的土地。以色列人離開埃及以後，經過曠野到達亞喀巴灣，然後來到加低斯。當時，他們派使者去請求以東王准許他們經過他的領土，他拒絕准許。他們又派使者請摩押王准許他們經過，他也不同意。因此，以色列人只好留在加低斯。後來，他們往前走過曠野，繞過以東和摩押的領土，來到摩押的東面。他們在亞嫩河對岸紮營而未渡河，因為那是摩押的邊界。以色列人派使者去見亞摩利人的王，就是希實本王西宏，求他准許以色列人經過他的領土，回到自己的土地。但是西宏不但不准許，還率領部隊在雅雜紮營，攻打以色列。耶和華——以色列的上帝把西宏的軍隊交在以色列人手中，他們擊敗亞摩利人，占領了他們的領土。以色列人占據了亞摩利人所有的土地，從南部的亞嫩河到北

部的雅博河，從東邊的曠野到西邊的約旦河。所以說是耶和華 —— 以色列的上帝為他的子民趕走了亞摩利人。你想奪回這塊土地嗎？你們的神明基抹給你們的土地，你們可以擁有；但耶和華給我們的一切，我們都要守住。你以為你比摩押王西撥的兒子巴勒還強嗎？他從來不敢向以色列人挑戰，更不敢攻打我們。以色列占領希實本、亞羅珥，及其周圍的村鎮，以及亞嫩河兩岸所有的城市，已經三百年了。在這段時間，你們為什麼不收回這塊土地呢？我沒有對不住你們的地方，你卻攻打我，向我挑戰。耶和華是審判者，今天請他在以色列人和亞捫人之間判斷是非。」

可是，亞捫王不理耶弗他派使者轉告他的話。

那時，耶和華的靈降臨在耶弗他身上，他就經過基列、瑪拿西，回到基列的米斯巴，再前往亞捫。耶弗他向耶和華許願說：「你如果使我戰勝亞捫人，我凱旋歸來時，一定把第一個從家門出來迎接我的人獻給你，把他當作燔祭獻上。」

耶弗他渡過河去跟亞捫人作戰，耶和華使他打了勝仗。他攻擊亞捫人，從亞羅珥到米匿，直到亞備勒基拉明，一連攻下二十座城，大肆屠殺。就這樣，亞捫人被以色列人制伏。

耶弗他回到米斯巴自己的家時，他唯一的女兒拿著手鈴

鼓，跳著舞出來迎接他。耶弗他看到女兒，悲痛地撕裂衣服，說：「我的女兒啊！你使我心痛欲絕！為什麼竟是你呢？我已經鄭重地向耶和華許願，再也不能收回！」

他女兒說：「你既然向耶和華許了願，就照你許的願對待我吧，因為耶和華已使你在亞捫人身上報了仇。」女兒又說：「我只求你一件事。請准許我離開家兩個月，我要跟朋友到山上去，為我尚未出嫁就死而哀傷。」

耶弗他同意了。於是，他女兒跟朋友上到山上，在那裡為自己尚未出嫁就死而哀傷。兩個月後，她回到父親那裡，耶弗他就照自己向耶和華說的話還了願。她女兒死的時候還是處女。

割捨禮

　　一個猶太男孩出生後的第八天，就要舉行割禮，即用刀子割掉其陰莖包皮。只有受過割禮的孩子才能成為上帝「特行割禮用的銀製包皮割刀等用品選子民」中合格的一員。割禮是一種很古老的習俗，早在族長時代就已在以色列人中施行。《聖經》出現後，對此又作出了明確的規定，並稱它是上帝與以色列始祖亞伯拉罕所立的約：

　　「上帝又對亞伯拉罕說：你和你的後裔必世世代代遵守我的約。你們所有男子都要受割禮，這就是我與你並你的後裔所立的約，是你們所當遵守的。你們都要受割禮，這是我與你們立約的證據。你們世世代代的男子，無論是家裡生的，是在你後裔之外用銀子從外人買的，生下來第八日，都要受割禮……這樣，我的約就立在你們肉體上，作永遠的約。但不受割禮的男子必從民中剪除，因他背了我的約。」

　　以色列人為嬰兒施割禮由於割禮是如此神聖，所以是非常嚴格的，不可違背。一般說來，割禮是不能推遲的，哪怕孩子出生後的第八天是安息日或贖罪日也要照樣舉行，除非孩子此時因生病不宜施行手術才可延後。舉行割禮時，通常

要邀請親朋好友到場，由一位經過專門訓練的人來進行手術。這位做割禮手術的人稱為「莫海勒」（Mohel），他不必是拉比或醫生。手術非常簡單，在嬰兒的父親唸誦祈禱詞「讚美上帝，你用聖諭使我們聖潔，你命令孩子入我們先人亞伯拉罕的約」的同時，莫海勒就可以完成割禮手術。然後，讓孩子接受親友們的祝福，為孩子命名，並安排家庭宴會。

皈依猶太教的男子也要在入教時施行割禮，以示與上帝立約。從現代醫學的觀點來看，割禮是一種有益衛生和健康的習俗。所以，到後來割禮逐漸成了一種不帶有多少宗教意味的民族習俗，一些不信教的猶太人也做割禮。

現代以色列人為嬰兒施割禮在給孩子行割禮時，還要為他取名。按多數以色列人的習慣，除了用居住國的語言為孩子取一個普通名字外，一般還要為他取一個以色列語名字。這個以色列語名字主要用於宗教場合，並要寫在諸如婚書等宗教檔案上。

成年禮

　　當男孩長到 13 歲時，就要舉行成年禮，也稱受誡禮。在以色列語中，成年禮叫「Bar Mitzvah」，意為「負有責任的男子」。按以色列傳統，舉行過成年禮後，這個孩子便開始被當做成年人來看待了。從此他能同其他成年人一起參加會堂裡的各種宗教活動，同時也要承擔一個成年人的宗教和社會責任。對於 13 歲的少年來說，能夠正式加入「大人」的行列，是使他們深深激動的時刻，同時也自然會使他們產生一種自豪感和責任感。

　　成年禮是以色列人家庭生活中的一件大事。慶祝儀式一般選擇安息日在會堂裡舉行。由拉比為受禮人作一次專門的講道，向他祝福並向他闡明他對家庭和社會的責任。受禮人要誦讀一段《妥拉》並發表講演，感謝父母的養育之恩並表示自己將終生按猶太教義生活。然後，受禮的孩子接受父親的祝詞和禮物。儀式還要邀請所有的親友，並設宴招待他們。親友們向受禮人贈送禮物和表示祝福。

猶太婚禮

《聖經‧創世記》說：「人要離開父母，與妻子連合，二人成為一體。」在猶太教看來，婚姻也是人的一種神聖義務，近代英國以色列人的婚禮，以色列文的大意是「上帝與你們同歡樂」。因此，它鼓勵教徒們結婚和組成家庭，鼓勵多生多育，使猶太人「如天上星」、「如海邊沙」一樣多。猶太男女青年之間的婚姻通常是由父母作主，要有媒人牽線介紹。即使是男女雙方自己認識的，也要請媒人正式介紹，然後男方要向女方下聘禮。一些地區的猶太人在訂婚時還要用阿拉姆語書寫婚約。

猶太人的婚禮一般都很隆重並富有特色。婚禮通常在會堂舉行，但正統教派卻喜歡在露天舉行。

婚禮前一天，新郎和新娘就要齋戒，並作祈禱，以示他們即將開始的新生活是神聖的。出席婚禮的人數與在會堂參加祈禱的法定人數一樣，應不少於十人，並要有兩位證婚人。婚禮要點蠟燭，新郎要站在華蓋下為新娘戴上一枚戒指，並用以色列語說：「按照摩西和以色列律法，這隻戒指使你許給我。」由拉比或貴賓當眾宣讀婚書，並由新婚夫婦和證

婚人簽署。新郎和新娘要喝一點葡萄酒，接受賓客的祝福。
婚禮最後的程式是，新郎用腳踩碎一隻酒杯，據說是為了紀
念耶路撒冷聖殿的被毀壞。

　　如果一樁婚姻是不幸福的，猶太教允許離婚。離婚必須
雙方同意，並且也要舉行一定的儀式，由拉比和親友出席，
離婚夫妻要在離婚書上簽字。只有持有有效的離婚書，男女
雙方才能重新建立家庭。

神祕的內婚制

　　猶太人的婚姻大事多由父母作主，通常由父母來為子女選親，或者指導或者幫助子女選親。至於以色列女子的婚嫁，更是依賴父母之命。

　　為了維護血親關係，猶太人流行近親內選親。儘管骨肉之親禁止結婚，但在猶太人早期歷史中，同父異母兄妹間的婚姻是允許的。亞伯拉罕的妻子撒拉就是他同父異母的妹妹。但在《舊約·利未記》規定的律法中，這種兄妹結合顯然已被禁止，當然猶太人中娶外邦人為妻也不乏其例。猶太人也有從戰俘中選擇異邦女子為妻的情況，只是按照《申命記》的規定，必須要經過一套特定的儀式：若在被俘人員中看中一個美貌女子並想娶她為妻，可以領她到家裡，但要讓她剃頭髮，修指甲，脫去被俘時所穿的衣服，住在男子家中哀哭父母一個整月，然後才能娶為妻子。若後來丈夫不喜歡她，應由她隨意出去，決不可為錢賣她，也不可把她當作婢女。

　　由於害怕與異族通婚會影響了猶太民族宗教信仰的純潔性，所以一些猶太祭司曾採取禁止與外族通婚的嚴厲措施。但後來隨著時勢的變化與時代的進步，與外族通婚的種種限

制都逐漸被突破。

保護猶太婦女奴益的「婚約」，西元前 5 世紀已開始使用。

哀歌葬禮

　　根據猶太教教義，作為上帝耶和華的造物，人的生死只是自然循環，死亡只是一個人生命另一階段的開始。因此相對於人死後必須出生儀式的隆重，猶太人的葬禮則相對較為簡單。迅速下葬，一般不超過 24 小時。葬禮上不准舉行任何獻祭，只能祈禱和誦經。

　　臨終祈禱正統派的猶太教徒反對火葬，認為把人體焚化是一種殘忍的行為，但改革派卻允許火葬。死者一般用布包裹後，裝在簡單的棺材裡深埋。因為《聖經·創世記》中寫道：「你本是塵土，仍要歸於塵土。」而且按正統教派的習俗，葬禮上既不允許使用鮮花，也不允許有音樂，因為這些東西被看做是歡樂的象徵，與哀悼的潔淨和包裹屍體氣氛不相宜。為死者哀哭是葬禮中一個重要的組成部分，不僅每個親友都有哭號的義務，就是其他前來參加葬禮的人也要加入哀悼的行列。這種悲傷的哭喊後來逐漸演變成按照一定格律構成的哀歌。安葬死者後，親屬一般要在家裡舉行七天的追悼活動。

　　入葬儀式猶太教主張喪葬從簡，因為他們認為，人無論

貧富，死後都是平等的，因此人人都應該薄葬。以色列人的墓只是在平地上立一塊墓碑，前來追悼的人們一般也只在死者的墓碑上放一塊小石頭。儘管反對厚葬，但猶太教卻鼓勵死者親屬為紀念死者進行施捨和捐贈。所以，在猶太人集中的地方，有不少公共設施和慈善基金都是當某人去世後，由其親屬用遺產建立、並以死者的名字命名的。

　　古以色列人的墳墓。入葬後用石板封死入口。

民俗故事

以色列文明

「死海古卷」之謎

　　1947 年 3 月，巴勒斯坦一個名叫穆罕默德‧伊爾迪伯的 15 歲的阿拉伯牧童，為了尋找一隻迷失的羊，來到死海西北角岸邊一個叫庫姆蘭的山谷裡。

　　在這裡，小穆罕默德驚奇地在一個山洞裡發現一批用布包著或皮帶捆著放置於陶甕中的羊皮卷和紙草檔案。後來幾經周轉，這些東西到了耶路撒冷古城聖馬可修道院敘利亞東正教大主教阿塔那修‧塞繆爾的手中。他仔細研究了羊皮捲上的文字寫在羊皮紙上的《死海古卷》。後大吃一驚，原來這是幾篇最古老的以色列文《聖經》的抄本。他立即找到小牧童和他的夥伴，讓他們把山洞裡的羊皮卷都弄出來，然後把它們全部購買下來。與此同時，耶路撒冷以色列大學的考古學家 E. 蘇格尼克教授知道這一訊息後，也設法從一個貝都因人手裡購買到了三卷羊皮古經書。

　　盛放《死海古卷》的陶罐訊息傳出後，引起了許多人的注意。一批又一批世界各國的考古學家和歷史學家紛紛前往庫姆蘭山谷進行發掘。其中最大的一次發掘是 1948 年下半年開始由法國天主教多明戈會和約旦文物部共同組織的，主要負

責人是多明戈會聖經學院的神父、考古學家羅朗‧德‧沃修和約旦文物部的哈丁。經過 1952 年、1953 年、1954 年的幾次發掘，他們在庫姆蘭山谷先後又找到了大約 40 個洞穴，其中 11 個洞穴中有經卷，共發現古經卷 600 多種，其中數十卷較為完整，另外還有數以萬計的殘篇碎片。

如此篇幅浩瀚的古文獻，在近現代考古史上從未發現過，因此被西方學術界譽為當代最重大的文獻考古發現。因為這些古卷是在死海的庫姆蘭地區被發現的，所以這些文獻被統稱為「死海古卷」或者「庫姆蘭古卷」。

另外，在庫姆蘭洞穴以南大約 50 公里的馬薩達，1963 ～ 1965 年也發掘出 10 多卷古以色列書卷，內容也主要是《聖經》抄本以及其他一些以色列文、拉丁文、希臘文文獻，這些也一起被稱為「死海古卷」。

經過認真整理、分析、研究，以及碳 14 放射性同位素測試，專家們確定這些古經卷產生的時間是在西元前 250 年到西元 68 年之間，距現在已整整 2000 年了！從《死海古卷》的內容性質來看，主要可分為五大類：

以色列文《聖經》抄本。《希伯來聖經》共有 39 卷，在「死海古卷」中，除《以斯帖記》外，其他各卷都有全部或者部分的抄本。其中以 1 號洞出土的《以賽亞書》和 4 號洞出土

的兩卷《撒母耳記》最引人注目，因為這兩部抄本幾乎完整無缺。這些《聖經》抄本不但有古以色列文的，還有希臘文和阿拉米文的，這對於斷定古卷的年代和研究《聖經）的翻譯情況具有重要的參考價值。

《死海古卷》之《感恩詩篇》碎片《次經》、《偽經》和《經外經》抄本。這是指《希伯來聖經》之外，從西元前 2 世紀到西元 1 世紀在以色列人中廣泛流傳的經書。死海古卷中屬於《次經》的有《多比傳》、《便西拉智訓》、《所羅門智訓》等；屬於《偽經》的有《以諾書》、《巴錄啟示書》、《禧年書》等。另外，一些未列入《次經》和《偽經》，但又帶有一定宗教意義的其他作品，統稱為《外傳》或《經外經》，死海古卷中也包括一部分這類文獻。

《舊約聖經》的註釋和評論。這是講經者對若干《聖經》段落所作的註釋或評論，如《以賽亞書評註》、《哈巴谷書評註》、《彌迦書評註》等。死海古卷中這些評註都只有一份，因而對研究庫姆蘭社團及當時的猶太教極富學術價值，可惜的是這些註釋原稿破損都很嚴重，多屬殘篇。

庫姆蘭社團法規。死海古卷中有一部分是記述當初居住在庫姆蘭的人們的宗教活動、遵守的行為準則以及舉行的禮拜儀式等的文獻，這些文獻都被稱為庫姆蘭社團法規。其中最重要的有《會規手冊》、《撒督文獻》和《會眾守則》三種。

另外還有一卷《光明之子與黑暗之子的戰爭》。這些文獻對研究庫姆蘭社團的歷史沿革、組織形式等都很有價值。

庫姆蘭社團遺留下來的其他文獻，包括文書、信件等。出土的古卷中有相當大一部分屬於類似《聖經‧詩篇》體裁的感恩詩篇。其中有一卷長達 18 欄，包括二十幾首聖詩。另外還有一些是關於禮拜儀式的說明、例注以及祝禱詞等。

另外，在庫姆蘭山洞中還發現了兩卷特殊的古卷：一卷是刻在銅片上，由於銅卷鏽蝕嚴重，不得不將它鋸開成條；上面記載的是耶路撒冷聖殿財寶的名稱、數量和埋藏的各個地點。另一卷是長達 28 英呎，有 66 欄經文的《聖殿古卷》，詳細記述了耶路撒冷聖殿的建造結構和裝飾，以及有關獻祭、守節、潔淨禮儀方面的一些具體規定。

庫姆蘭以色列社團遺址在一個地方發現這麼多的古物，尤其是年代如此之久遠、數量如此龐大、儲存如此完好的文獻數據，被國際學術界認為是自文藝復興以來最重大的考古發現。這些產生於西元前後數百年間的文獻，對於研究古代猶太歷史、宗教、文化以及早期基督教的情況，無疑具有極其珍貴的價值。因此，後來在 20 世紀 50 ～ 60 年代，西方考古學界中出現了一門專門研究「死海古卷」的「庫姆蘭學」。

尋找「所羅門珍寶」

　　所羅門王的時代是以色列國家的鼎盛時期，所羅門聖殿建成後，遠近各地的人們都前來朝拜，這些來參拜的以色列人和羅馬凱旋門上的浮雕，內容是羅馬大軍帶著猶太俘虜和從聖殿中掠來的戰利品凱旋。外邦人帶來了許多貢品給所羅門王。據說，所羅門王每年僅從各個屬國就可以收到相當於666塔蘭黃金（1塔蘭約為150公斤）的貢品。所羅門王將所有的珍奇貢品和搜刮來的金銀寶物都存放在聖殿裡。另外，聖殿從建造成毀滅，歷時大約400年，經歷了數十代君王，他們也聚積了大量的金銀財寶。聖殿中所有的這些奇珍異寶就是歷代相傳的「所羅門珍寶」。

　　西元前586年，耶路撒冷在被尼布甲尼撒率領的巴比倫大軍圍困三年後終於被攻破，大批以色列人被押送到巴比倫城囚禁起來城中的以色列王宮和聖殿被付之一炬，聖殿中的「耶和華約櫃」和所有珍寶也被洗劫一空。從此，歷史上便出現了一個所謂的「所羅門珍寶」的懸案。

　　伊斯蘭教岩石圓頂清真寺內的巨石關於這批「所羅門珍寶」的下落，人們眾說紛紜。有人說，運送寶物的船隻因遇

到風暴而沉入了地中海，所有的寶物至今仍在水下。又有人說，實際上汪達爾人並沒有從羅馬城將珍寶奪走，因為還在汪達爾人來之前，哥特人在西元 410 年就進攻過羅馬城，當時城裡的以色列人趁亂進入皇宮將這些珍寶取出藏了起來，而後又擔心藏不住而將珍寶投進了臺伯河，現在它們仍在河床下的淤泥裡。

　　一些歷史學家稱，耶路撒冷聖殿中的財寶並不止這些。當時的情況很可能是當羅馬大軍仍在圍困耶路撒冷城時，聖殿中的祭司們就已將大部分珍寶埋藏了起來，泰特斯掠走的只是「所羅門珍寶」中很少一部分，大部分珍寶仍被藏在耶路撒冷的某個地方。20 世紀中期，考古學家們在死海邊的庫姆蘭發現了大量古代經卷和檔案，其中有一件鏽蝕嚴重的銅卷，鋸開一看，上面竟記載著聖殿財寶的名稱、數量和埋藏地點！這便證實了歷史學家們的推測。

　　最早開始尋找珍寶的是一位名叫耶利來的以色列祭司。當耶路撒冷陷落時，耶利來躲了起來，因而沒有被巴比倫人抓走。當巴比倫人離開後，他來到聖殿的廢墟，在已被夷為平地的聖殿廢墟裡，看到了著名的「亞伯拉罕巨石」。據說「約櫃」當初就放在這塊巨石之上，但是此時「約櫃」卻無影無蹤了。後來一些人認為，「所羅門珍寶」可能就藏在「亞伯拉罕巨石」底下的暗洞裡。

　　大約西元 11 世紀時，來自歐洲的十字軍占領了耶路撒冷。他們的首領早就聽說過「所羅門珍寶」故事，於是便下令在聖殿遺址下面的巖洞裡搜尋。士兵們鑿開了一個洞口，但爬進去的人全都被裡面散發出的毒氣燻死了。他們只得將洞口堵死。

　　19 世紀時，又有幾個英國冒險家試圖到耶路撒冷來尋找「所羅門珍寶」。這幾個英國人買通了岩石圓頂清真寺的守夜人，夜裡潛進寺裡進行挖掘。一到天亮，他們便把洞口偽裝上。他們就這樣一連挖了好幾個夜晚，但最後還是被發現了，引起了當地人的憤怒。幾個英國冒險家一溜煙逃得無影無蹤。

　　後來又有人說，「所羅門珍寶」實際上是藏在「約亞暗道」裡。「約亞暗道」相傳是大衛王在攻打耶路撒冷時，偶然發現的一條可以從城外通到城裡的神祕通道。據說這條暗道後來又和所羅門聖殿連在一起。早在「巴比倫之囚」時，以色列人就曾利用暗道藏過寶物。

　　1876 年，一個叫沃林的英國軍官在耶路撒冷近郊參觀遊覽時，在一座清真寺的遺址中偶然發現了一個有石梯的洞。他順著石梯一直往下走，一直走到洞的深處。他發現頭頂上的岩石中還有一個圓洞。他攀著繩子爬進圓洞後邊，又發現了一條暗道；他順著暗道又來到另一個黑漆漆的狹窄山洞。

最後，他好不容易順著山洞走到了外邊，出來一看，大吃一驚，他發現自己已經站在耶路撒冷城裡了！研究者認為，這條祕密的地下通道建於西元前 2000 年左右，並推測它就是傳說中的「約亞暗道」。

20 世紀 30 年代，又有兩名美國人來暗道尋找「所羅門珍寶」。他們在「約亞暗道」裡一處土質不同的地方發現了一條祕密道地。道地裡有被沙土掩埋著的階梯。兩人想用隨身帶著的鐵鍬把沙土挖開，但是，階梯上的流沙卻越挖越多，連道地口也幾乎被堵住了。他們慌忙逃出道地。第二天，他們下來發現，道地的入口又被流沙蓋上了。

2000 年來，許多人都在挖空心思打這批珍寶的主意，但直到今天，「所羅門珍寶」仍然是一個謎。

尋找「十個遺失的部落」

在猶太歷史中，一直流傳著關於「十個遺失的部落」的說法。由於猶太教與基督教的淵源關係，這種說法在基督教和整個西方世界也有很大影響。

據《聖經》記載，猶太族長時代的始祖雅各和他的兩個妻子和兩個侍女共生有十二個兒子，十二個兒子的後代發展成了十二個部落，北方的以色列王國中包括了十個以色列人部落，南方的猶大王國中只有猶大和便雅憫兩個部落和一小部分利未部落的成員。

當西元前 8 世紀，北方的以色列王國遭到滅頂之災後，組成以色列王國的十個部落被迫離開了迦南，被放逐到亞述帝國最邊遠的地方。然而，自從他們被放逐之後，就再也沒有關於他們的訊息了。於是「十個遺失的部落」就成為一個困擾後人的千古之謎。

據《聖經》記載：「亞述王攻取了撒馬利亞，將以色列人擄到亞述，把他們安置在哈臘、歌珊河邊的哈博和米底亞人的城邑。」這裡提到的地方就是現代伊朗的西北部，在裏海的西南方一帶。人們一般認為，這十個部落中的一些人後來可

能也來到了巴比倫，並與以色列人一起返回了巴勒斯坦，而多數人則留在了被放逐的地方，後來被當地的民族同化了，因而也就永遠地從歷史中消失了。但是，許多虔誠的宗教徒（包括猶太教徒和基督教徒）卻不願接受這一說法。

亞述征服者將以色列人放逐到遙遠的地方尋找和發現這十個遺失的部落，對於歷史學家、人類學家和文學家們來說不過是一種具有學術價值的活動，但對於虔誠的猶太教徒和基督教徒來說，卻還有著更為重要的宗教意義。因此，許多世紀以來，人們一直在不停地尋找這些遺失的以色列部落，也不斷有關於發現了某一個或某幾個、甚至所有遺失的部落的訊息，但卻無一能夠得到確切的證實。

針對關於「十個遺失的部落」的種種傳聞和活動，英國杜克大學研究舊約聖經的權威學者戈德比 1930 年寫了一本書——《遺失的部落：一個神話》，告誡人們不要再對找到那些所謂的「遺失部落」抱有任何希望，也不要再去做那些無謂的探險式的尋找。他說，一方面，古以色列人就像當時其他的許多民族一樣，在被征服之後被流放到異國他鄉，要經歷種種艱難困苦，他們要想使自己的種族完整地儲存下來幾乎是不可能的。這些古以色列人要麼處於痛苦的流離遷徙之中，要麼倖存下來自然同化進異邦的民族中去了，這種情況在歷史上有許許多多，以色列人只不過是其中一個小小的例

子而已。另一方面，他又說，後來的以色列人也未必全都是古以色列人的直系後裔，他們並非是一個純粹的同種同源的民族，在漫長的歷史程式中他們同樣也吸收了其他的民族。所以，再去尋找所謂「遺失部落」是毫無意義的事情。

此後，世界各地尋找「遺失部落」的活動才大大減少了。

中國以色列人同化之謎

　　流徙於世界各地的以色列人，雖然沒有自己的國家，但卻能保持著他們獨特的宗教信仰、文化傳統和生習俗，維繫著一義大利耶穌會士繪製的開封以色列人在誦讀《妥拉》經卷種強烈的民族意識。在歐洲、西亞、北非、南北美洲的許多國家裡，都有這樣一些特殊的、與眾不同的以色列人社團。這些以色列人社團都經歷了短則幾百年、長則一二千年的歷史，貧窮、飢餓、迫害、屠殺，名種苦難者不能使他們屈服，也不能使他們同化於居住國社會。

　　然而，這些在中國的以色列人卻是一個例外。在中國這塊土地上生活了六七百年之後，他們竟然完完全全地融入了中國社會，與中華民族渾然一體了。從中華文明的角度來看，在漫長、豐富的中國歷史上，這一小批以色列人的到來、定居、同化，實在算不上是一件什麼了不起的事情，至多是留下一段歷史佳話。但在一些西方學者看來，這實在是一個「十分罕見的完全同化的例子」，是一個「令人困惑的歷史文化之謎」。一些中外學者對以色列人同化於中國社會之謎進行了探討，試圖找出這個問題的答案。

開封以色列人《聖經‧以斯貼記》經卷區域性。其實，開封以色列人同化的原因並不複雜，主要可以歸結為這樣兩條：一是開封猶太社團與外部猶太世界長期隔絕，成了一個被包圍在中國文化和中華民族的汪洋大海中的孤島。17 世紀以前，開封猶太社團與海外猶太人尚有一些聯繫，但到清朝統治者實行閉關鎖國政策後，地處中原的開封猶太社團便與外界完全隔絕了。儘管他們曾力圖維持他們的民族血緣、宗教信仰和傳統文化，但因長期生活在中國文化的環境中而想不受影響是不可能的。

與外界隔絕後，宗教知識得不到補充，老的掌教去世後，找不到新的掌教，宗教儀式就無法舉行，人們的宗教觀念便逐漸淡漠了。與外界隔絕後，以色列人不可能再保持族內通婚，只得與漢族通婚，從而在血緣上也逐漸漢化。

在被切斷了與外部猶太世界的來往之後，開封以色列人的文化和宗教成了一潭無源之水，它的乾涸只不過是一個時間問題而已。

二是中國社會對以色列人沒有歧視和偏見。中國歷代統治者如同對待歷史上的其他民族一樣平等地對待他們，這是開封以色列人被同化的最重要原因。無論是在中國官方式的史料中，還是在以色列人自己的記載中，都沒有以色列人遭到歧視、排斥和迫害的任何根據。正是中華民族的寬容和

大度，使以色列人消除了心理上的疑慮、隔膜，為自然同化
創造了條件。他們逐漸接受了漢人的服裝、習俗和文化，最
後，終於完全融入了中華民族之中。

猶太：「不死的民族」，強大的凝聚力

　　世界上的許多民族都有過自己不幸和痛苦的歷史，但可以說沒有哪一個民族遭受的苦難像以色列民族那樣普遍、深刻和長久。

　　千百年來，對以色列人的迫害和屠殺在西方一直沒有停止過。早在古代社會，以色列人就受到埃及人、巴比倫人、波斯人、希臘人、羅馬人的征服和統治，被迫流亡、遷徙到異國他鄉。從早期基督教時代開始，到中世紀，到近現代，這種對以色列人的敵意在許多西方國家中一直持續不斷，只不過有時較為隱蔽，有時較為公開；有時比較平緩，有時卻突然、猛烈地爆發出來；有時表現為人們言行中的厭惡、歧視，有時則發展為大規模的暴力活動。以色列人會遭到如此嚴重的歧視和迫害，這是一個非常複雜的社會現象，很難用幾句話講清楚，它有種族、文化、社會、政治、經濟等諸多原因。但在各式各樣的反猶因素中，以色列人堅持信仰自己的宗教是一個最重要、最直接的原因。

　　但是，反過來說，對自己宗教虔誠的信仰既是以色列人不斷遭受迫害的原因，但同時也是以色列民族歷經磨難而不

死不滅的謎底。

作為猶教的聖地，聖殿幾次被毀，只留下一道城牆，成為猶太教最重要的崇拜物。雖然聖殿和高階祭司從此不復存在，但飽受迫害和流離之苦達幾個世紀之久的猶太人卻堅強地生存下來了。以色列人的歷史，確實是一部謎一般的歷史。在這個民族四千年的歲月中，它只是在很短的時間裡保持過一個獨立的正常民族的生活。而在大多數時間裡，這個民族經歷的是流散、遷徙、漂泊，作為一個寄人籬下的弱者，不斷受到其他民族的歧視和迫害，甚至遭到屠殺。

然而，令人驚異的是，這個看起來總是處於弱者地位的民族卻能一直頑強地維持著它的生存，保持著它的傳統和文化，固守著它的宗教信仰。縱觀人類四千年的歷史，能在漫長歲月裡連續不斷地保持著自己獨特的文化、傳統、宗教和習俗，能為人類文明不斷作出貢獻，並且至今仍能發揮作用、產生影響的民族，在今天的世界上實在是寥若晨星了。而以色列人就是這麼屈指可數的幾個古老民族之一。

歷史上多次出現這種情形，眼看以色列民族已陷入絕境，面臨滅頂之災，而它卻又能化險為夷，轉危為安。如亞述人的占領、巴比倫之囚、羅馬帝國的征服、歐洲的宗教迫害等等，以色列人一次次都挺了過來。以色列民族在流動中頑強地生存，其文明不但沒有失落，反而奇蹟般地以其獨特

的語言、宗教、文學、哲學和風俗傳統卓然屹立於世界民族之林。不僅沒有在漫長的歷史程式中受到其他民族文明的同化，而且為人類文明進步做出了傑出的貢獻。從這種意義上來說，把以色列人稱為「不死的民族」，確實恰如其分。

猶太：「不死的民族」，強大的凝聚力

電子書購買

爽讀 APP

國家圖書館出版品預行編目資料

迦南的子孫，以色列的起源與發展：從亞伯拉罕到現代的歷史變遷，以色列民族對全球文化的影響 / 林之滿，蕭楓 編著 . -- 第一版 . -- 臺北市：崧燁文化事業有限公司 , 2024.02
面； 公分
POD 版
ISBN 978-626-357-998-9(平裝)
1.CST: 以色列史 2.CST: 文明史
735.31　　113000679

迦南的子孫，以色列的起源與發展：從亞伯拉罕到現代的歷史變遷，以色列民族對全球文化的影響

臉書

編　　著：林之滿，蕭楓
發 行 人：黃振庭
出 版 者：崧燁文化事業有限公司
發 行 者：崧燁文化事業有限公司
E - m a i l：sonbookservice@gmail.com
粉 絲 頁：https://www.facebook.com/sonbookss/
網　　址：https://sonbook.net/
地　　址：台北市中正區重慶南路一段六十一號八樓 815 室
Rm. 815, 8F., No.61, Sec. 1, Chongqing S. Rd., Zhongzheng Dist., Taipei City 100, Taiwan
電　　話：(02) 2370-3310　　傳　　真：(02) 2388-1990
印　　刷：京峯數位服務有限公司
律師顧問：廣華律師事務所 張珮琦律師

定　　價：299 元
發行日期：2024 年 02 月第一版
◎本書以 POD 印製
Design Assets from Freepik.com